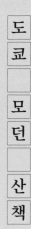

도쿄 모던 산책

일러두기

- 본문에서 단행본은 『 』, 단편과 잡지는 「 」, 미술작품은 〈 〉, 그 외 전시 등은 ' '로 표기했습니다.

- 저자가 직접 찍은 사진은 별도의 출처 표기를 하지 않았습니다. 그 외 이미지는 권말에서 출처를 확인할 수 있습니다. 저작권자에게 연락을 취했으나 답변이 없는 경우 답변이 오는 대로 별도의 허락을 받도록 하겠습니다.

도 記 쿄 憶
機 모 関 던
산 物 책 語

도쿄의 기억기관,
근대에서
오늘을 읽다.

박미향 지음

기록의 관점에서 세상을 본다는 것은 참으로 매력적인 지적 행위다. 기록 전문가인 저자의 시선은 도쿄를 전혀 다른 공간으로 재창조한다. 그 시선 덕분에 책 속에는 크고 작은 도쿄의 미술관, 박물관, 도서관이 역사와 문화의 응집체로서 농밀하고 생생하게 소개된다. 풍부한 사진 자료 그리고 간결하면서도 핵심을 짚는 문장이 가득해 이 책 한 권만으로도 도쿄의 문화공간을 만끽하는 기분이다. 자크 데리다의 말처럼 기록에는 사람들의 숨결이 새겨져 있고, 나아가 그 배면을 상상하게 해주는 힘이 내재해 있다. 이 책이 안내하는 대로 '기록의 장소'를 거닐다 보면, 표면적인 도쿄가 아니라 심층의 도쿄가 우리 앞에 모습을 드러낼 것이다.

'김교수의 세 가지' 유튜브 채널 운영자·명지대학교 명예교수 **김익한**

국회도서관에서 오랫동안 일하며 도서관의 역할을 기획하고 관리해온 전문 사서인 저자의 안목이 돋보이는 책이다. 저자는 도쿄의 기억기관 memory institution을 탐방하며 그 속에서 과거와 미래를 연결하는 새로운 의미를 발견한다. 이 책은 단순한 도시 탐방기를 넘어, 역사와 문화를 아우르며 깊이 있는 통찰을 제공한다. 도서관과 박물관을 사랑하는 이들에게, 지적 호기심이 어떻게 다양한 문화적 탐구로 이어질 수 있는지 보여준다. 저자의 세심한 기록은 독자로 하여금 그 시절을 살아보는 듯한 상상력을 자극하며, 미래를 향한 사색의 길을 열어준다. 도쿄와 서울을 새로운 시각으로 바라볼 수 있는 기회를 선사하는 책이다.

서울대학교 명예교수·국회도서관 자문위원 서정욱

우리나라의 미술관을 설명하기도 힘든데 일본 미술관을 설명한다는 게 얼마나 힘든 일인가. 정성스러운 삽화와 사진으로 더욱 생생하고 사실적인 시선이 돋보이는 이 책은 이웃 나라 일본 미술관의 사용설명서이다. 다녀온 사람에게는 추억의 서랍을 열어보게 하고, 안 가본 사람에게는 머리를 비우고 가슴을 채워주는 여행 같은 책이다.

스텔라갤러리 관장 최민호

도시는 그 자체로 역사이며, 역사를 이해할 때 비로소 미래가 보인다. 저자는 '기억기관 칼럼니스트'로서 놀라운 통찰력과 집중력으로 도쿄의 도서관, 미술관, 박물관을 탐험했다. 그리고 에도시대부터 현대까지, 일본의 기억기관을 통해 역사와 문화를 집약적으로 보여주며, 세계사적 맥락에서 그 의미를 해석했다. 『도쿄 모던 산책』은 단순한 여행기를 넘어선 깊이 있는 문화예술 탐구서이다.

또한 책은 저자 부부가 2년간의 여정을 통해 얻은 경험과 지식을 담고 있다. 인생의 하프타임에 서서 두 사람은 과거를 되짚고 미래를 상상하며 오늘에 접목할 수 있는 필수적인 이야기를 발견하고 이를 독자들과 공유한다. 도쿄를 더 깊이 이해하고, 나아가 시각을 확장할 계기를 만들어주는 이 책을 통해 우리 삶을 더욱 풍요롭게 만들 영감을 얻을 수 있을 것이다.

성균관대학교 건축학과 교수 신중진

사서로서 쌓아온 깊이 있는 지식과 섬세한 감성을 바탕으로 도쿄의 여러 기억기관을 풀어낸 이 책은 독자에게 특별한 경험을 선사할 것이다. 『도쿄 모던 산책』은 여행기라기보다 역사와 문화, 건축과 예술을 아우르는 혜안을 담은 책이다. 특히, 근대와 근세를 넘나드는 역사적 흐름과 문화적 맥락을 흥미롭게 풀어내며, 도시 곳곳의 기억기관을 통해 시대적 상징성과 의미를 되짚어보는 저자의 깊이 있는 시각이 돋보인다. 이 책은 우리에게 다소 낯설 수도 있는 도시 도쿄를 이해하는 새로운 지적 여정을 제공하며, 문화와 예술을 통해 삶을 풍요롭게 만드는 힘을 일깨워준다. 독자들에게 즐거운 읽을거리를 제공할 뿐 아니라 삶의 의미와 방향에 대한 새로운 영감을 불어넣어 줄 것으로 기대한다. 책을 읽는 내내 저자의 따뜻하고 진솔한 이야기에 매료되어 우리 시대의 의미를 되새길 수 있었다.

연세대학교 문헌정보학과 교수 이지연

문화예술로 조금 더 깊이 만나는 도쿄 이야기

여행이나 낯선 곳에서의 생활을 복기하며 기록할 때, 우리의
마음은 이미 시인이나 예술가가 된다。

우연한 인연으로 2020년대 초반 코로나 시기를 도쿄에서 보내게 되
었다. 당시 일본은 사회적 기억을 다채롭게 재구성하고 있었고 그
덕에 나 또한 기억기관이라는 이름으로 도서관, 미술관, 박물관, 기
록관 등을 폭넓게 살펴보는 기회를 가질 수 있었다. 오래전부터 일
상에 아티스트적인 감성을 더하고 싶었던 나는 스스로를 '기억기관
칼럼니스트'라고 칭하며 함께 간 건축가 남편과 책과 전시를 둘러보
며 일본의 역사와 문학 공부에 몰두했다.

80년대 후반 지리한 방황의 시기를 대학에서 보내면서 자연스레
한정된 인간의 삶에 비해 호흡이 긴 역사와 예술, 문학에 관심이 생
겼다. 그리고 졸업 후 도서관에서 공적 삶을 시작하면서 삶을 고양
하는 좋은 장소와 커뮤니티에 대한 관심이 더 커졌다. 집과 사무실
이 아닌 제3의 장소, 우리 사회와 삶을 좀 더 윤택하게 하고, 창의적
으로 만드는 좋은 장소를 많이 발굴해 현재의 삶에 가능성을 조금
이나마 보태고 싶어졌다. 그 공간이 도서관이면 좋겠지만, 아니어도
큰 상관은 없었다. '위대한' 일상과 마법 같은 영감의 순간을 발견할
수 있는 생활 공간이 많을수록 더 멋진 환경이고, 이런 환경에서 양
질의 시간을 보내는 사람이 많을수록 좋은 도시라고 생각했다.

국가 도서관에서 20년 넘게 근무하면서 '남겨야 할 기록과 기억'이

라는 주제에 대한 관심은 점점 깊어졌다. 사회가 너무 빨리 변화하고 IT가 발달하면서 기록과 기억이 넘쳐날뿐더러 그 확산과 재가공 가능성도 무궁해졌다. 이러한 때는 어떤 것을 소중하게 간직하고, 미래 세대에 어떻게 전승할 것인가 하는 문제가 더욱 중요해진다. 도서관은 좀 더 통섭적 시각에서 여러 문화유산기관과 연대하며 한 사회의 기억기관으로 기능해야 하지 않을까. 어떻게 해야 우리가 기억해야 할 사회적 테마와 기억자산을 확장할 수 있을까.

이 관점에서 국회기록보존소 설립 20주년을 맞이해 2020년에 기획한 학술세미나 '우리에게 기억기관은 무엇인가?'는 나에게 많은 시사점을 주었다. 덕분에 국회도서관과 국회기록보존소를 입법부 내 기억기관이라는 큰 우산 아래 조망할 수 있는 안목이 생겨났다. 국가적으로 가치 있는 자료와 박물의 사회적 효용과 연계성은 시간이 지날수록 확대된다. 이런 것들이 일련의 흐름으로 수집, 기록되고 체계적으로 조화를 이루어 사회적 유산이 되고, 이 역사적 기억이 좀 더 섬세하게 사람들에게 제공되면 한 사회가 문화적으로 성장하는 원동력이 된다.

이 책은 코로나로 지쳐가던 시기에 어렵게 일본에 들어가 조용히 삶을 모색하며 여러 기억기관을 탐방하며 축적한 나의 기록이다. 2021년 하반기가 되어서야 조금씩 빗장을 푼 기억기관들을 조심스레 방문해 걸어 다니며 정리한 시간과 기억의 흔적이다. 어쩌면 기억기관이라는 '가치'를 엮어내기 위해 시인이나 예술가의 눈으로 다시 빚어낸, 방대한 산책의 흔적이라고 할 수도 있겠다.

이 책에는 직업인으로서의 공적 경험과 삶을 위한 예술(art for life)을 찾아다녔던 사적 시간을 골고루 담았다. 더불어 지금, 현재에도 의미 있게 해석되는 일본의 문화적 기억자산에 대한 소회도 담담히 녹여내려 노력했다. 한 사회의 역사적 기억과 이를 재구성하려는 노력은 공동체의 기억자산을 키우며 개인의 삶도 풍부하게 만든다. 시대적·지역적으로 큐레이션한 기억기관을 함께 산책하며 독자 여러분의 삶도 풍성해졌으면 하는 바람이다.

이웃 나라 일본의 역사와 문화를 매개로 세계를 공부하며 심미안을 키워갔던 그 시간은 이제 과거의 것이 되었다. 코로나라는 전 세계적인 사건이 세계사의 한편으로 성큼 물러나고 있는 지금, 그 비일상적 생활에 대한 기억이 사라지기 전에 그 시절을 담은 기록을 남긴다.

찰나의 만남, 그 인연을 소중히 여기며.

어제의 기록이 내일로 이어지면

또 다른 미래를 만들 수도 있다고 믿으며.

나의 기억기관이 '우리의 기억기관'으로 널리 퍼지기를,

이를 통해 도쿄를 더 깊게 만나고

우리의 서울을 조금은 다른 시각으로 바라보며

풍성한 사색의 시간을 누릴 수 있기를 소망한다。

선릉을 바라보며, 박미향

1부

모던의 한복판을 거닐다 。

Ⅰ

풍성하게
빛나는
모던의 흐름

Ⅱ
문화와
건축으로
만나는
모던 도쿄

2부

도쿄에서 만난 진한 에도의 향기 。

Ⅶ
어제를
기억하고
되살리며
오늘을
산다는 것

일 본 전 체 지 도

세이칸 해저터널

삿포로

홋카이도
北海道

We ♥ HOKKAIDO

아오모리

合格　合格
아오모리 합격사마

나라 사슴

센다이

센다이성터

나라

오사카

혼슈
本州

히로시마원폭돔
히로시마

나가사끼

시코쿠
四国

도쿄

도쿄타워

큐슈
九州

나고야

나오시마

나고야성

나가사끼 도자기마을

가고시마

나오시마섬

가고시마

도쿄도 메인 스폿 지도

1. 에도성
2. 도쿄역사
3. 신주쿠역
9. 나리타공항
4. 긴자시계탑
5. 센소지
6. 도쿄스카이트리
8. 와세다 대학
7. 도쿄타워
10. 하네다 공항

레트로 도쿄,
지금의 도쿄를
만나다

도쿄 거리에는 지금의 도쿄만 있는 것이 아니다. 일본의 수도인 도
쿄는 한때 에도라고 불렸고 시간의 흐름 속에서도 꼿꼿이 그 자태
를 이어온 에도의 문화적 자산은 오늘도 곳곳에서 그 존재감을 드
러낸다. 에도시대와 근대는 시간의 한계를 뛰어넘어 오늘날의 도쿄
에 스며들어 있다. 어디 그뿐일까. 도쿄에서는 그 시대의 풍부한 문
화적 자산을 이해하며 현재를 재해석하는 작업을 꾸준히 하고 있
으며, 이는 마법처럼 사람들을 한순간에 과거와 현재의 접점 위에
세워놓는다.

과거의 도쿄는 오늘날의 도쿄에 레트로나 앤티크, 혹은 빈티지나 클래식이라는 이름으로 자연스레 포개져 있다. 도쿄는 과거의 시간과 공간 그리고 그것을 재구성해 해석한 지금의 시간과 공간이 서로 얽혀 있는 독특한 도시다. 그리고 그것을 보고 공감하는 시민의 시공간이 하나로 녹아들면서 역동적인 상호작용을 일으키고 있으며, 많은 사람을 불러들여 영감을 선사한다. 도쿄의 기억기관을 구석구석 찾아다니며 이 문화적 교감과 소통의 에너지가 도쿄라는 도시의 브랜드파워를 만들어내고 있음을 실감했다. 흥미로운 경험의 장소, 세계적 도시로 평가받는 도쿄 뒤에는 이처럼 든든한 시공간적 배경이 있었다.

에도와 근대는 현재 도쿄의 문화적 성취를 가능하게 한 시대로서 현재 일본의 문화, 정서, 사고와 유기적으로 연결되어 있다. 에도시대 이후 일본은 새로 유입된 외래문화를 고유한 지역문화와 섞으며 내재화하는 변화의 과정을 겪었다. 더불어 근대로 넘어가면서는 '일본인'이라는 국민적 정체성을 만들어나갔다. 이 역사 속에 만들어진 문화유산과 남겨진 흔적을 살피면 현재의 독특한 문화적 매력이 어디에서 기원했는지 읽고 해석할 수 있는 맥락적 단서를 찾을 수 있다.

이 책에서는 일본인이 근세와 근대에 남긴 문화유산과 동아시아적 관계성 그리고 이를 현재의 다양한 기억기관이 재구성하여 다루는 방식을 살펴보고자 한다. 오늘의 우리에게 가까운 과거부터 거슬러 올라가는 방식으로, 1부에서는 근대(modern)를 살펴보고 2부에서는 근세(early modern)로서의 에도를 다룬다. 또한 인류사적으로도 대단히 흥미로운 시기였던 근대와 근세를 세계인 또는 아시아인의 관점에서 한눈에 비교해 살펴볼 수 있도록 세계사적인 사건과 지식 문화의 흐름을 두 가지 형태의 연표로 정리해 수록했다.

어쩌다 보니 거창하게 풀어냈지만, 오늘날에도 살아 숨 쉬는 생생한 이야기와 정취가 담긴 기억기관과 도쿄 곳곳을 방문한 나의 발자취를 함께 여행하듯 즐겨주었으면 좋겠다. 그 발걸음 하나하나가 오늘을 더욱 풍요롭게 즐기고 채워나갈 힌트가 되어주리라고 믿는다.

자, 그럼 이제 때로 현미경처럼 가까이, 또 때로는 미래에서 날아온 새의 눈으로 멀리서 각 시대를 조망하는 기억기관을 함께 살펴볼 준비가 되었는지。

앞으로 여러 곳을 방문할 예정이지만 발이 아플까 걱정할 필요는 없다. 우리가 할 일은 책갈피를 넘기며 도쿄를 입체적으로 그려보며 이해하는 것이니까. 그러다가 어느 때인가 도쿄를 방문한다면 책에서 미리 점찍어두었던 장소를 방문해보기를 바란다.

주요 역사적 사건을 한눈에

커다란 역사적 사건은 그 시대를 이해하고 가늠하기에
좋은 연결고리가 되어준다.
시대적 분위기, 사람들의 정서와 인식, 당대의 문화적 성취 등을
맥락적으로 읽을 수 있는 중요한 요소이기 때문이다.
더불어 사건과 문화적 현상은 밀접하게 연결되고,
사회적 사건은 동시에, 혹은 연쇄적으로 서로 영향을 주고받으며 펼쳐진다.
이 연표는 책에서 다루는 17세기 초 근세부터 20세기 중반 근대까지
서구와 동아시아에서 일어났던 주요 사건을
함께 비교하며 살펴보기 위해 준비했다.
관심 있는 역사적 사건이 있다면 그 시점에 다른 나라에서는
어떤 일이 일어나고 있었는지 알아보는 재미가 남다를 것이다.
낯선 관점으로 역사를 조망하면서 사고가 확장되고
남다른 인사이트를 얻을 수도 있겠다.

서구

1602	네덜란드, 동인도회사 설립
1620	청교도 미국에 상륙
1628	영국 의회, 권리청원 제출
1688	영국, 명예혁명
1760	영국, 산업혁명(~1820)
1773	보스턴 차 사건
1775	미국 독립전쟁(~1783)

| 1789 | 프랑스혁명(~1794) |

1804	프랑스, 나폴레옹 황제즉위
1819	싱가포르, 영국령이 됨
1833	영국 노예제 폐지
1837	영국 빅토리아여왕 즉위
1858	무굴제국 멸망으로 영국의 인도 직접지배 시작
1861	미국, 남북전쟁(~1865)

에도시대

1603~1867

일본

1607	조선-일본 국교 재개
1639	에도막부, 쇄국정책 반포
1640	에도성 완성(1592~1640)
1650	에도 대지진
1688	겐로쿠 호황(~1704)

1853	미국의 페리(흑선) 내항
1854	미일화친조약
1855	안세이 대지진
1858	미일통상조약 콜레라, 천연두 유행
1859	요코하마 개항
1862	요코하마 외국인 거류지 조성

에도시대

1603~1867

한국과 중국

1607	조선통신사 파견(~1811)
1609	광해군, 창덕궁 등 재건
1623	인조반정
1627	정묘호란
1636	병자호란(~1637)
1724	영조 즉위
1725	탕평책 실시
1776	정조 즉위
1784	이승훈, 천주교 전도
1796	수원에 화성 건설

1811	홍경래의 난
1831	천주교 조선교구 설치
1840	중국(청), 제1차 아편전쟁(~1842)
1850	중국(청), 태평천국운동
1856	중국(청), 제2차 아편전쟁(~1860)
1860	최제우, 동학 창시
1863	고종 즉위, 흥선대원군 집권
1865	경복궁 중건(~1868)
1866	병인양요(프랑스), 외규장각 문서 약탈

서구

1896 제1회 아테네 올림픽

1871 독일 통일
1877 영국령 인도 수립
1885 제국주의 서구열강
    아프리카 분할 시작

1905 러시아, 피의 일요일

메이지시대

1868~1912

1868 메이지유신 개시
1869 에도를 도쿄로 개명(도쿄천도)
1882 료고쿠 대화재

1894 청일전쟁(~1895)
1904 러일전쟁(~1905)
1911 요시와라 대화재

일본

1885 청·일 텐진조약 체결
    내각제도 창설
1889 최초의 헌법, 메이지헌법 공포
1890 제1회 중의원선거

메이지시대

1868~1912

1871 신미양요(미국)
1876 강화도조약(일본)

1894 동학농민운동, 갑오개혁
1895 을미사변
1896 아관파천, 독립협회 설립
1897 대한제국 성립, 고종 황제 즉위
1899 헤이그 만국평화회의 참가
1900 중국(청), 의화단운동
1905 경부선 개통, 을사늑약
1909 안중근, 이토 히로부미 암살
1910 일제강점기(~1945)
1911 중국, 신해혁명

한국과 중국

1881 조사시찰단(일본)과 영선사(청나라) 파견
1882 임오군란, 조미수호통상조약
1883 조영수호통상조약, 조독수호통상조약
1884 갑신정변

1929	세계 경제대공황(~1939)
1933	독일 파시즘, 히틀러 집권
	미국, 뉴딜정책(~1938)
1914 제1차 세계대전(~1918)	1936 스페인내전(~1939)
1917 러시아혁명	1939 제2차 세계대전(~1945)
1918 스페인독감(~1920)	1941 일본, 진주만 공습
1922 이탈리아 파시즘(~1943)	1945 국제연합(UN) 창설

다이쇼시대　　　　　　　　　　　**쇼와시대**

1912~1926　　　　　　　　　　　**1926~1989**

1918 쌀 폭동	1932 일본, 만주국 세움
1923 간토대지진	1937 중일전쟁(~1945)
1925 보통선거법 제정	1945 미국 공군 도쿄 폭격
1926 보통선거권(남성)	원자폭탄 일본 투하
	일본항복(8.15)
	제2차 세계대전 종료

다이쇼시대　　　　　　　　　　　**쇼와시대**

1912~1926　　　　　　　　　　　**1926~1989**

1919 고종 사망, 3.1운동	1934 중국, 공산당 대장정(~1936)
상해임시정부 출범(민주공화제)	1937 중국, 제2차 국공합작(~1945)
임시의정원 설립	1945 8.15 광복
1921 중국, 공산당 창당	
1924 중국, 제1차 국공합작(~1927)	

현재 많은 관심을 받는 일본 브랜드 및 문화를 보면
대체로 채움이 아닌 덜어냄과 비움에서 나오는 미학에 바탕을 두고 있다.
정밀하게 분석해 군더더기를 덜어내고 장식을 최소화하면서도
그 안에 단정한 아기자기함을 담아내는 매력.
이는 곳곳에 있는 기억기관에서, 건축물에서, 레트로풍 카페에서,
그리고 단아한 디자인의 찻잔 하나에서도 오늘날 만나볼 수 있다.
일본의 근대는 이러한 심플함과 소박함의 출발점이라고 할 수 있겠다.

1부에서는 모던의 정취가 진하게 남아 있고,
현재와 조화롭게 융화되어 그 매력을 키워나가는
기억기관의 근대 속으로 들어가본다.

Modern

모던의

한복판을

거닐다.

근대시대 예술문화를 한눈에

그리 멀지 않은 과거인 근대, 여전히 유효한 당시의 건축물이나
예술가의 전시를 보러 가면 작품의 탄생 맥락이 더 궁금해진다.
일본 근대는 메이지, 다이쇼, 쇼와시대 전기로 이어진다.
이때의 기억을 간직한 건물, 전시, 문학작품을
연계적으로 살펴보기 위해 먼저 기억연표를 살펴보기로 하자.
근대인의 노력과 각 작업을 역사적 흐름 속에서 읽으면,
지금 우리의 시간, 일, 문화 그리고 삶을 바라보는 눈이 달라진다.
문화와 건축을 통해 근대를 만나는 동안
어느새 우리가 살아가고 있는 현재도
미래에서 온 현자의 눈으로 낯설게 바라볼 수 있을 것이다.

서구		
1871	샌프란시스코 공업박람회	
1873	빈 만국박람회	
1875	클로드 모네	
	〈기모노를 입은 카미유〉(~1876)	

		1876	에디슨, 축음기 발명
		1878	톨스토이『안나 카레니나』
			파리 만국박람회
		1879	에디슨, 백열전구 발명
		1880	도스토옙스키
			『카라마조프의 형제』
벨, 전화 발명특허		1885	다임러, 자동차 발명

메이지시대
1868~1912

일본

1868	게이오기쥬쿠 대학 개교	1876	조시아 콘도르, 일본 방문
1870	자전거 소개, 일본 인력거 발명	1877	긴자 벽돌거리 완성,
	최초의 일간 일본어 신문,		도쿄제국대학 개교
	「요코하마 마이니치」 창간		화족 학교, 학습원 설립
1871	구미시찰단 도항(~1873)	1878	제1회 일본권업박람회(우에노)
1872	일본 최초 철도 개통	1880	도쿄부서적관을
	태양력 실시		도쿄도서관으로 개칭
	최초 가스등 점등(요코하마)	1881	제국박물관 개관
1873	'절과 신사 및 기타 명승지를	1882	도쿄전문학교(와세다대학) 설립
	공원으로 지정하는 건(件)' 포고		우에노공원 내 박물관,
1874	후쿠자와 유키치『학문의 권장』		동물원 개관
1875	우타가와 히로시게	1883	도쿄전등회사 개업
	〈가메이도의 매화정원〉	1885	우에도역 완성

메이지시대
1868~1912

한국

		1879	지석영, 종두법 실시
		1883	「한성순보」 간행
		1884	「한성순보」, 처음으로
			'美術'이라는 신조어 사용.
		1885	광혜원 설립
			서울-인천 전신 개통

서구

1887 빈센트 반 고흐 〈꽃이 핀 자두나무〉
1889 파리 만국박람회(프랑스혁명100주년),
      에펠탑 준공

1895 보르도 만국박람회

1893 시카고 만국박람회 일본관
1894 프랑스 드레퓌스 사건

1899 프로이트 『꿈의 해석』
(1900)

일본

1886 도쿄제국대학 설립
1888 조시아 콘도로, 건축사무소 개설
1889 제국헌법 발표, 가부키극장 완성
1890 제국의회 임시의사당, 제국호텔 건설,
      제1회 제국의회 개회
      모리 오가이 「무희」
1893 시카고 만국박람회 일본관

1895 히구치 이치요 「키 재기」
1896 축음기 수입
      신주쿠 교엔 구 양관 어휴소
      이와사키 히시야 저택
      (콘도르 설계)
1897 제국도서관 관제 공포
      (도쿄도서관을
      제국도서관으로 개칭)
1899 아사쿠사 축음기 전문점 개점
      (주)일본맥주 본격 맥주홀 오픈

1894 미쓰비시 1호관(오피스 빌딩)

한국

1887 조선 전등 최초 사용
1893 시카고 만국박람회 참가
1895 유길준 『서유견문』

1896 「독립신문」 창간

1898 「황성신문」 창간
1899 서대문~청량리 전차 개통

1900   파리 만국박람회

1911   칸딘스키, 〈인상3-콘서트〉

1900   자동차 일본수입
        구로다 세이키, 〈지, 감, 정〉 3부작
        파리 만국박람회 출품

1905   르코르뷔지에 일본 방문
1906   오카쿠라 텐신 『차의 책』
1907   다야마 가타이 『이불』
        영친왕 일본 이주
1908   미쓰코시 임시점포 개업
1909   동궁어소 준공
        나쓰메 소세키 『그 후』
1911   제국극장 개장(제1회 공연, 햄릿)
        니혼바시 개통
        니시다 기타로 『선의 연구』

1902   최초 기념엽서 '체신성' 발행
1903   히비야공원(최초 서양식) 개원
1904   최초 백화점, 미쓰코시 설립

1900   만국우편연합 가입
        경인선 개통
        파리 만국박람회 참가(비공식)

1906   이인직 「혈의 누」
1908   최남선 「해에게서 소년에게」
1910   덕수궁 석조전 준공

1903   YMCA 발족

서구

1913 마르셀 프루스트
『잃어버린 시간을 찾아서』(~1927)
1917 클로드 모네
〈수련이 있는 연못〉(~1920)
뒤샹, 〈샘〉 전시

1919 디자인 단체, 바우하우스
개교(~1933)
헤르만 헤세 『데미안』

1921 헤밍웨이 파리 거주,
회고록 『파리는 날마다 축제』
(~1926)
1923 월트디즈니사 설립
1924 토마스 만 『마의 산』
1925 파리 국제 장식미술 및
현대산업 박람회
스콧 피츠제럴드 『위대한 개츠비』

다이쇼시대
1912~1926

일본

1913 모리 오가이 『아베일족』
1914 나쓰메 소세키 『마음』
도쿄역 마루노우치 역사 완성
(다쓰노 긴고)

1915 아쿠타가와 류노스케 「라쇼몬」
현 순환노선 야마노테센 개통
프랭크 로이드 라이트,
도쿄 사무실 개설

1918 아동잡지 「아카이도리」 창간
1919 도시설계법 시행
1922 야나기 무네요시
『조선과 그 예술』, 『조선의 미술』

1925 히라이 다로 『D언덕의 살인사건』
다나자키 준이치로 『미친 사랑』
사이폰(고노커피 사이폰) 최초 제조

다이쇼시대
1912~1926

한국

1915 박은식 『한국통사』
1917 이광수 『무정』

1920 「조선일보」, 「동아일보」 창간
1921 염상섭 「표본실의 청개구리」
1923 조선총독부도서관 준공
방정환 아동잡지 「어린이」 창간
1924 경성제국대학 개교
조선민속미술관 개관
1925 김소월 「진달래꽃」
1927 정지용 「향수」

1929 뉴욕현대미술관(MoMA) 개관
어니스트 헤밍웨이『무기여 잘 있거라』
레마르크『서부전선 이상 없다』
1936 찰리 채플린〈모던 타임즈〉
1937 파리 만국박람회,
라울 뒤피〈전기의 요정〉

1939 J.E. 스타인벡『분노의 포도』
프랭크 로이드 라이트, 낙수장 완공

1942 카뮈『이방인』
1943 생텍쥐페리『어린 왕자』

쇼와시대

1926~1989

1927 도쿄메트로 긴자라인
(아사쿠사역-우에노역) 개통:
아시아 최초 지하철 노선

1928 쓰보우치 쇼요, 셰익스피어 전집 번역
1934 최승희, 개인 무용 발표회

1936 야나기 무네요시, 일본 민예관 설립
1937 김환기〈Rondo〉

1938 가와바타 야스나리『설국』
1946 루스 베네딕트『국화와 칼』
1948 야나기 무네요시『미의 법문』
다자이 오사무『인간실격』
1959 도쿄 국립서양미술관 설립
(르 코르뷔지에 설계)

쇼와시대

1926~1989

1930 미쓰코시백화점 경성지점 개점
1932 미쓰코시백화점 경성지점
〈사후 76년 기념 완당 김정희 선생
유묵·유품 전람회〉개최
1936 이상「날개」, 김유정「동백꽃」
백석 첫 시집『사슴』
손기정 베를린올림픽 마라톤 우승
1937 이태준「복덕방」
1938 박태원『소설가 구보 씨의 일일』

1940 홍명희『임꺽정』
1941 채만식『탁류』
님 웨일스『아리랑』
1948 윤동주『하늘과바람과별과시』

I

풍성하게
빛나는
모던의 흐름

서구와 비교했을 때 일본의 근대화 작업은 상당히 짧은 기간에 급속도로
진행되었다. 근대로 이어지기 전, 에도 후기 18세기는 난학蘭学(네덜란드 학문)
을 비롯한 신학문 연구과 독창적인 사상가들의 활발한 활동이 이어지면서
근대국가로 나아가는 토양을 형성했다. 그런 가운데 '세계 속의 일본'이라는
개념, 즉 근대적 의미의 국가정체성(national identity)이 싹트기 시작했다.[01]
근대 시기 일본은 부국강병을 위해 문명을 개화한다는 계몽주의 사상을 표
방했고 이를 위해 서양의 문물을 적극적으로 수용한 한편, 민주주의 기본
개념인 인권이나 민권은 국권에 종속된 맥락에서 소극적으로 발전했다.[02]
여기서는 일본의 연호를 활용해 근대의 흐름을 세분화해서 살펴본다.
시대 구분에 있어서는 메이지시대의 시작인 1868년부터 종전선언을 한
쇼와시대 전반기 1945년까지를 근대시대로 규정한 일본 인쇄박물관 상설
전시 자료의 기준을 적용하였다.

'문명'이 꽃을 피운
메이지시대

지금의 일본을 있게 한 '근대 일
본'은 1868년 메이지유신을 분
기로 전개된다. 일본은 메이지
유신 이후 법 제도와 사회운영
시스템을 근대화하면서 국민국
가를 만들기 시작했고, 이를 통

메이지시대 화두, 문명

해 정치, 경제, 산업 등 사회 모든 면이 크게 변화했다. 위로부터의
정치혁명과 경제혁명이 동시에 일어난 격변의 시기였다. 정치적으
로는 입헌정치가 개시되었고 경제적으로는 자본주의가 성립하였
고, 문화적으로는 근대화가 추진되었다. 또 국제적으로는 서구의
사례를 좇아 제국주의 국가가 되고자 부단히 노력했다.

당시 정권 실세 이토 히로부미伊藤博文(1841~1909)는 의회(제국의회)와 헌
법을 만들어 근대사회의 토대를 다짐으로써 천황 중심의 강력한 국
가조직을 세우고자 했다. 메이지헌법이 규정한 입헌군주제는 사실
상 전제군주제에 가까웠다고 할 수 있다. 그들이 서둘러 의회를 개

설하고 헌법을 만든 가장 큰 이유는 세계에 일본이 근대국가임을 보여주고 이를 통해 서구와 맺은 불평등조약을 개정하기 위해서였다.[03]

근대국가 성립 전에는 봉건시대 유럽처럼 통일된 국가나 국민이라는 의식이 없던[•] 시대 분위기 속에 신정부는 '국민 만들기'에 모든 정책적 노력을 기울였다. 더불어 일본 민족종교인 신토^{神道}로 국가통합을 이루어 천황제를 확립하고자 하였다. 이에 신불분리령^{神佛分離令}을 포고하고 불교를 배척하며, 국가종교로 천황교라 불리는 국가신토를 만들었다.[04] 역설적이게도 '일본 국민'이라는 소속감과 정체감은 이러한 국가 주도 정책보다는 강대국과의 전쟁이라는 외부 세계와의 충돌을 통해 자연스레 형성되었다. 즉 청일전쟁과 러일전쟁 등 큰 전쟁의 경험, 특히 러일전쟁에서의 승리와 수만 명의 사상자에 대한 국가적 추모 분위기 속에서 일본인은 '운명공동체'라는 의식을 굳히며 국민의식을 확고히 하게 되었다.[05]

당시, 세계 유수의 대국인 러시아와의 전쟁은 메이지시대 최대의 '영광'이자 국가적 시련이기도 했다. 이 전쟁을 치르며 일본의 산업은 비약적으로 발전하고 도쿄의 근대화도 급속히 진행되었다. 이

—

메이지유신 이전까지 일본은 '번(藩)'으로 불리는 250여 개 지방 국가가 연합한 형태였다. 누구도 자신이 일본인이라는 인식이 없었고 단지 어느 지역 사람, 즉 '번 사람'이라는 의식만 있었다.

과정에서 일부 거대자본이 산업계를 장악하고 중소기업이 몰락하고 물가가 급등하는 등 각종 사회문제가 생겨났다. 더불어 노동문제가 커지면서 일본사회당이 결성되어 활동하기도 했다.[06] 이에 메이지 시대 말기에는 정부의 사상 단속과 탄압이 더욱 엄격해져서 암울한 시기를 맞이했다.

학문 영역에서는 근대화를 서구화로 받아들이고, 정부 차원에서 대규모 번역작업을 수행했다. 어마어마하게 쏟아져 들어오는 서양 학술용어를 개념화하면서 이를 일본어로 번역했다. 초기에는 역사와 군사 분야, 이후에는 문학과 예술 분야에서도 번역이 진행되면서 1883년에는 미학 서적까지 번역할 정도로 일본은 서양문명을 빠르게 흡수했다.[07] 새로 만들어진 '번역어'는 '근대어'로 양산되었고, 이 단어들은 20세기 초 복잡한 국내 정세를 피해 일본으로 유학을 온 중국 학생들에 의해 중국어 어휘로도 수용되었다. 당시 번역은 기존에 존재하지 않는 새로운 개념의 단어를 만드는 어려운 작업이었다. 이를 통해 1890년대 후반부터 'society', 'individual', 'information'에 해당하는 '사회', '개인' 그리고 '정보' 등 다양한 용어가 새롭게 사회적으로 확산되며 널리 사용되기 시작했다.[08] 이 시기 조선의 유길준도 『서유견문(1895)』을 발간했는데, 이 책의 일부는 후쿠자와 유키치福澤諭吉(1835~1901)의 『서양사정西洋事情(1866~1870)』을 참고해 번역한 것이다. 흥미로운 점은 유키치의 해당 저작물 역시 영국의 지식인 버튼John Hill Burton(1809~1881)의 『경제학교본Political

Economy(1852)』을 번역한 부분이 많았다는 것이다.[09] 당시 역동적인 세계사의 흐름 속에서 동아시아 각국의 지식인들은 외부 세계에 대한 지적 호기심과 근대적 경험을 갈망했으며 서로 교류하면서 주고받은 많은 영향이 비슷한 주제의 출판물 중첩으로 이어진 것으로 여겨진다.

문명개화의 상징으로 태양력을 채용함으로써 시간제도 바뀌어 하루를 24시간으로 하는 정시법 시행되었다. 근대적 시간관념이 도입된 것이다.[10] 경제적으로는 경제대국 영국을 따라 붉은 벽돌 건축물*을 대도시에 건설하며 대규모 방적공장을 경쟁적으로 운영하였다. 당시 일본 방직산업은 비약적인 속도로 성장했고 이는 경제적 부를 사회적으로 확산하는 기틀을 마련했다. 더불어 박람회의 세기였던 19세기 중엽부터 일본은 만국박람회에 참가하기 시작하여, 이 행사를 참고해 메이지 10년(1877)에는 제1회 내국권업박람회를 우에노공원에서 개최했다. 이런 국가적 행사를 통해 근대산업을 육성하고 정부 주도로 국민을 계몽하며 내수 경기를 부흥시켰다.[11] 더불어 법적으로 공원 설립을 독려하여 메이지 6년에는 현재 도쿄타워 근처 시바공원, 이케부쿠로 근처 아스카야마공원 등 도쿄 내 다섯 개의

•

현재 요코하마의 아카렌가 창고, 홋카이도의 하코다테나 오타루의 붉은 벽돌 건물은 이국적인 정취를 드러내며 관광지로 활용되는데, 이 건물들은 근대산업의 대표적인 건축적 유산이라 하겠다.

공원이 새롭게 조성되는 기반을 마련했다.[12]

학문적 흐름을 살펴보자면, 근대적 시대정신의 기초를 닦고 새 시대로 나아가는 데 초석이 된 대표적 개화사상가, 후쿠자와 유키치의 저술을 시작으로 많은 정치 계몽서가 새로운 사상과 학문에 대한 시민의 요구에 부응했다. 서구 문예사조를 받아들인 시와 소설 등 근대문학도 발전했다. 이에 중기 이후에는 근대문학이 융성함에 따라 사상서나 문학서가 베스트셀러가 되기도 했다. 메이지시대 작가로는 근대 일본 소설의 거장으로 평가되는 모리 오가이森鷗外(1862~1922)와 평론가이자 영문학자로 대문호였던 나쓰메 소세키夏目漱石(1867~1916), 자연주의 문학과 함께 수많은 기행문을 남긴 다야마 가타이田山花袋(1872-1930)가 있다. 특별히 근대적 자아의식을 반영한 탁월한 여류작가인 히구치 이치요樋口 一葉(1872~1896) 등이 활동했다. 또한 1906년 영어로 『차의 책The book of Tea』를 발간해 일본인의 미의식과 문화관을 세계에 알린 미학자로서 1888년 도쿄미술학교(현 도쿄예술대학) 설립에도 참여한 오카쿠라 덴신岡倉 天心(1862-1913)도 이 시대의 대표적 지식인으로 남아 있다.

민주주의와 모더니즘이 싹튼
다이쇼시대

세계정세 속에 새로운 일본을 구축하고자 했던 근대 시기에는 국가
적으로 천황을 신격화하려는 정책이 강력하게 추진되었다. 이런 맥
락 속에서 메이지천황은 일본인의 많은 관심과 지지를 받았다. 메
이지 45년(1912), 근대를 맞이하며 일본의 상징적 역할을 하던 메이
지천황은 만 59세로 서거했다. 그는 장장 45년간 재위하면서 헌법
제정, 내각제도 창설, 민선의원 설립 및 외국과의 전쟁 승리 등의 대
내외적 업적을 이루어서 일본 역사상 최고의 천황으로 평가되기도
한다. 그러나 긴 시간 재위하면서 외면적으로 획득한 화려한 평가
이면에는 동전의 양면처럼 어두운 측면이 있다. 서구 열강의 제국
주의 흐름 속에 일본 또한 동아시아 옆 나라들을 침략하고 약탈하
는 제국주의적 관점을 취했고 이에 따라 발언권과 권한이 커진 군
부는 점차 통제 불능의 집단이 되어갔다. 이 세력은 이후 일본을 군
국주의로 몰고 가면서 자국을 넘어 동아시아 전체를 전쟁터로 만들
고 말았다.[13]
전임자인 메이지천황과 달리 어려서부터 병약해서 실질적인 정무

를 담당하지 못했던 다이쇼천황은 일본의 경제적 근대화가 추진되던 무렵인 1912년부터 1926년까지 재위했다. 그가 재위하는 14년간 대외적으로는 서구 열강, 특히 영국과 미국에 협력하는 외교정책의 기조 속에서 제1차 세계대전, 러시아 혁명 후의 시베리아 출병 등 큰 사건이 일어났다. 대내적으로는 의회 활동이 점차 활발해져 호헌운동護憲運動과 선거권 확대라는 민주주의의 큰 흐름이 생겨났고, 간토關東대지진이라는 초유의 국가적 대재난이 일어나기도 했다.[14] 국가적으로 안정기에 접어든 이 시대에는 자유주의의 기운이 사회 전반에 감돌았고, 전쟁 특수로 인해 경제가 발전했다. 공산주의 혁명이 일어나는 등 세계사적인 대변혁기에 이른바 다이쇼 데모크라시大正デモクラシー라는 이름으로 민주주의 개혁 바람이 불기도 했다. 이에 따라 시민의식이 성장하여 다양한 지적 활동과 출판물이 확대되었다. 우리 역사에 있어 다이쇼시대는 이른바 일제 강점기로, 무단통치기에서 문화통치기로 일본 제국주의의 통치방식이 바뀌어가는 시기였다. '문화'라는 말에서 알 수 있듯이 모던경성, 모던보이라는 새로운 단어가 등장할 만큼, 식민통치를 겪으면서도 잠시나마 낭만적 시대 분위기가 형성되어 지식인들의 문화적 활동과 다양한 지적 실험이 활발해지기도 했다.

●
러일전쟁 이후 일본의 정치, 사회, 문화 각 방면에서 일어난 민주주의·자유주의 운동이 시기 일본 지식인은 메이지시대에 받아들인 서구 문명을 일본에 뿌리내리고 더 나아가 일본 문화를 서양에 전파하는 데에도 성공했다.[15] 문화적으로 기존의 방식을 답습하면서도 극적으로 바뀌는 새로운 시대의 도래에 호응하듯 사상부터 예술 그리고 생활까지 전 영역에 있어 새로움을 가미했다. 건축물도 그중 하나의 영역으로, 특별히 1920년대에는 모더니즘이라는 개념으로 양식의 세련미를 더해갔다. 이 사조로 인해 기존의 것에서 불필요한 장식을 없애는 것이야말로 진보적이라고 여겨졌고 그 주요 정신은 오늘날까지 유효하게 이어지고 있다.

더불어 다이쇼시대에는 1919년 도시설계법 시행[16], 1923년 간토대지진과 이후 복구사업 및 도쿄 재정비 활동 등을 통해 일본 내에서 국가와 민족에 관한 의식이 더욱 강화되었다. 국가적 재난 속에 도시계획법이 제정되고 공원이 재구획되면서, 많은 사유지가 공유지로 전환되고 근대양식의 건물 다수가 시민의 영역으로 편입되기도 했다.[17] 그리고 경제적으로는 1913년 수출물량이 독일의 두 배를 넘어설 정도로 세계 면직물 시장에서 점유율을 늘리기 시작했다.[18] 당시 면방직은 대부분의 서구 선진국가에서 총력을 기울이던 고부가가치 산업이었다. 일본은 제1차 세계대전에 휘말리지 않았다는 이점을 살려 내부적으로 산업을 발전시키고 수출을 늘려 국부를 착실하게 쌓아나갔다.

이 시기 대표적 문학가로는 예술지상주의를 표방하며 「라쇼몬」

등 인상적인 단편소설을 창작했던 아쿠타가와 류노스케芥川龍之介 (1892~1927)와 간결한 문체로 자신의 심경을 묘사하는 '사소설' 영역을 넓혔던 시가 나오야志賀直哉(1883~1971) 그리고 '에도가와 란포'라는 필명으로 추리소설 작가이자 평론가로 활동했던 히라이 다로平井太郎 (1894~1965)가 있다. 더불어 자유주의적 분위기 속에서 아동도서 문화가 개화하면서 1918년 「아카이도리赤い鳥」라는 종합 아동잡지도 창간되었다.[19] 문화예술계에는 '민예'라는 단어를 고안했고 한국의 전통 미술 및 공예품에도 많은 관심을 기울였으며 『미의 법문』을 집필한 야나기 무네요시柳宗悦(1889~1961), 1911년 『선의 연구』를 통해 선사상과 결합해 일본의 독자적 철학의 탄생에 기여한 니시다 기타로西田幾多郎(1870~1945) 등의 지식인이 있다.

문화활동이 위축된
쇼와시대 전기

쇼와시대[*]는 일본 근현대사에 큰 획을 긋는 다양한 사건과 사고로 혁명적 변화가 일어난 시기(1926~1989)였다. 여기서는 근대의 마지막 시기로 구분되는 1945년까지를 쇼와시대 전기로 규정하고 살펴본다. 이 시기는 일본이 '대동아공영권'이라는 미명 아래 제국주의로 무장하면서 앞선 시대인 다이쇼시대의 지성인들이 펼쳤던 수많은 노력과 시도가 스러져갔다. 군국주의 일본은 동아시아인은 물론 자국민까지 참혹한 전쟁의 나락과 곤궁 속으로 몰아넣었다. 더불어 쇼와 전기는 20세기 가장 길고 깊게 스며든 경제위기였던 세계 대공황(1929~1939), 제2차 세계대전(1939~1945) 등이 일어난 격동의 험난한 시대였다. 이 세계대전은 군국주의 일본이 처참하게 항복할 때까지 계속되었다.

•
1926년 12월 25일부터 1989년 1월 7일까지 일본에서 사용된 연호이자 시대 구분. 히로히토(裕仁)가 제124대 일본 천황으로 재위하던 시기에 사용했으며 일본 역사상 최장기간 사용된 연호이다.

경제공황의 여파와 군인들의 잇따른 쿠데타와 전쟁으로 일본은 '민주주의의 암흑기'인 전체주의 시대로 들어간다. 군국주의로 사회 분위기는 경직되고 만주사변부터 태평양전쟁 패전까지의 이른바 '15년 전쟁(1931~1945)' 기간에 국가주의가 득세하면서 일본인의 국민의식은 과잉으로 치달았고 사람들의 일상적 삶은 참으로 피폐하고 팍팍해져갔다.

특별히 일본 예술사적 측면에서 1930년대부터 1940년대에는 해외에서 전해진 추상 미술의 영향을 받아 전국 각지의 아마추어 단체를 중심으로 전위 사진의 조류가 유행했다.[*] 30년대 당시 사진은 회화에 대단한 영향을 미쳤지만, 화가뿐 아니라 시인과 디자이너 등이 이 조류에 참여해 작품 활동의 폭을 넓혀나갔다. 특히 1937년 '해외 초현실주의 작품전'이 개최됨에 따라 많은 사진가가 이전과는 다른 시각에서 새로운 표현을 했고, 화가들 또한 사진기법을 활용해 그림으로 구현할 수 없는 표현의 영역에도 도전했다.[**] 그러나 점차 전시체제가 강화되면서 각지에서 진행되던 문화예술 활동은 급

[*]
활발하게 작품이 발표된 시기가 짧았기 때문에 지금까지 활동 내용에 대한 검증이 잘 이루어지지 않았으나, 최근 일본 각지에서 연구가 진행되어 다양한 전시회에서 작품이 주목받는 기회가 증가하고 있다.

[**]
도쿄도 사진미술관 2022년 여름 기획전 '아방가르드의 발흥: 근대일본의 전위사진(アヴァンガルド勃興 近代日本の前衛写真)' 참고

속도로 축소되고 전쟁의 그늘 속에 가려지고 위축되었다.

문화유통 측면에서 쇼와시대 초기에는 새롭게 전통 일본 종이가 부흥했는데, 전쟁 중에 군수물자가 부족해지면서 헝겊 등의 대용품이 되는 등 일시적으로 일본 종이의 수요가 증가하기도 했다.[20] 하지만 종전 이후에 전쟁으로 큰 타격을 입은 양지공장이 복구되고 고도 경제성장의 흐름 속에서 내수경제가 비약적으로 발전하면서 전통 종이산업의 대부분은 쇠퇴하고, 일본 종이 생산기술은 문화유산 차원에서 보존되는 영역으로 그 명맥을 현재까지 유지하고 있다.

이 시기 대표적 문인으로는 일본 전후 무뢰파無賴派의 대표 작가이며 『인간 실격』 등의 작품으로 한국에도 많은 독자층을 보유하고 있는 소설가 다자이 오사무太宰治(1909~1948)와 『겐지 이야기』의 현대어 번역가로도 유명한 일본 탐미주의 소설의 대가, 다니자키 준이치로谷崎潤一郎(1886~1965)가 있다. 어렵고 어두운 시대에 배출된 귀한 작품이라서 더욱 그 가치가 빛나고 문학사적으로도 의미가 있다고 하겠다.

II

문화와
건축으로
만나는 모던 도쿄

일본의 관점에서 근대는 문화적 시도와 집단적 성취가 너무도 많은 시절이었기에 아직도 자랑스럽다. 현재 그 역사적 흔적과 모던의 스토리는 풍성하게 남아 있고, 일본인은 이 부분을 중요하게 여기며 계속 가꿔나간다.

이번 장에서는 모던의 도쿄를 기억하고 향유하고 해석하는 기억기관의 다양한 전시와 건축물을 만나본다. 100년 전 모던 도쿄를 상상해보고, 세계도시로서 도쿄의 현재적 가치와 가능성을 드높이기 위해 근대 문화자산을 어떻게 재구성하여 활용하고 있는지 엿볼 수 있을 것이다. 지리적으로 가까운 곳을 묶어서 소개하니, 도쿄에서의 짧은 여행이라면 마음에 드는 한두 곳을 다녀와도 좋고 천천히 시간을 두고 그 지역의 기억기관을 두루 살펴봐도 좋겠다. 가까운 곳에 2부에서 다루는 에도시대의 기억기관이 있다면 내친김에 한번 발걸음해보는 것도 추천한다.

치요다구·미나토구·메구로구

1. 도쿄국립근대미술관

2. 쇼와관

3. 오쿠라집고관

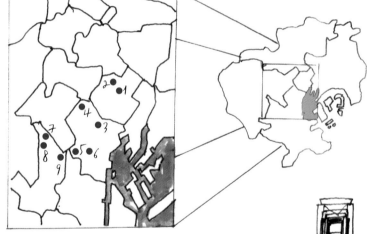

5. 도쿄도 정원미술관

4. 영빈관 아카사카이궁

6. 미나토구립 향토역사관

7. 일본근대문학관

8. 일본민예관

9. 도쿄도 사진미술관

도쿄국립근대미술관
東京国立近代美術館
The National Museum of Modern Art, Tokyo
3-1 Kitanomarukoen, Chiyoda City, Tokyo 102-8322, Japan
https://www.momat.go.jp

쇼와관
昭和館
National Showa Memorial Museum
1 Chome-6-1 Kudanminami, Chiyoda City, Tokyo 102-0074, Japan
http://www.showakan.go.jp

오쿠라집고관
大倉集古館
Okura Museum of Art
2 Chome-10-3 Toranomon, Minato City, Tokyo 105-0001, Japan
https://www.shukokan.org

❹

영빈관 아카사카이궁
迎賓館赤坂離宮
State Guest House Akasaka Palace
2 Chome-1-1 Motoakasaka, Minato City, Tokyo 107-0051, Japan
https://www.geihinkan.go.jp/akasaka

❺

도쿄도 정원미술관
東京都庭園美術館
Tokyo Metropolitan Teien Art Museum
5 Chome-21-9 Shirokanedai, Minato City, Tokyo 108-0071, Japan
https://www.teien-art-museum.ne.jp

❻

미나토구립 향토역사관
港区立郷土歴史館
Minato City Local History Museum
4 Chome-6-2 Shirokanedai, Minato City, Tokyo 108-0071, Japan
https://www.minato-rekishi.com

❼

일본근대문학관
日本近代文学館
The Museum of Modern Japanese Literature
4 Chome-3-55 Komaba, Meguro City, Tokyo 153-0041, Japan
http://www.bungakukan.or.jp

일본민예관
日本民藝館
Japan Folk Crafts Museum
4 Chome-3-33 Komaba, Meguro City, Tokyo 153-0041, Japan
https://www.mingeikan.or.jp

❾

도쿄도 사진미술관
東京都写真美術館
Tokyo Photographic Art Museum
1 Chome 13-3 Mita, Meguro, Tokyo 153-0062, Japan
http://topmuseum.jp

도쿄국립근대미술관 東京国立近代美術館
근현대 미술작품의 보고

도쿄국립근대미술관은 일본 덴노天皇*가 사는 고쿄皇居 근처에 자리 잡은 일본 최초의 국립미술관이다. 에도성 해자와 빌딩가 마루노이치 사이에 위치하며 도쿄역에서 도보로 갈 수 있는 편리한 접근성과 근대와 관련된 다채로운 주제 발굴로 다양한 관람객이 상시 방문하는 기억기관이다. 영빈관의 일본식 별관을 설계했으며 박물관 메이지무라博物館明治村 초기 관장을 지낸 건축가 다니구치 요시로谷口吉郎(1904~1979)가 1969년 설계한 이 미술관은 메이지시대부터 현대에 이르는 약 1만 3,000점의 근현대 미술작품을 폭넓게 소장하고 있다. 큐레이션 주제나 시점에 따라 회기별로 약 200여 점의 소장품을 상설전시하고 있어 일본 근현대 미술의 역사를 이해하려면 필수적으로 방문해야 할 도쿄의 대표적인 미술관이라고 하겠다.

●
天皇은 대부분 일본어 발음인 덴노로 표기하고, 메이지천황처럼 우리에게 익숙한 특정 인물을 지칭할 때는 천황으로 표기했다.

2021년 하반기에는 특별전시로, 야나기 무네요시 사후 60년 기념으로 '민예의 100년民藝の100年'이라는 주제로 입체적인 기획전을 열었다. 야나기 무네요시는 '민예'라는 이름으로 일상의 생활공예품을 특유의 심미안으로 예술적 영역에서 재평가한 일본의 대표적 미술평론 행정가이자 철학가이다. 특히 그는 근대시대 지식인의 눈으로 조선의 아름다움을 발견하여 '조선 민화'의 가치를 인식하고 1924년 한국민속박물관을 개관할 때도 중요한 역할을 했다. 이후 1936년 도쿄 메구로에 일본민예관을 설립해 일본 공예운동의 장을 본격적으로 열었다.

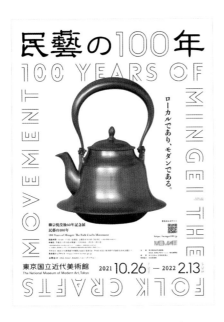

'민예의 100년' 기획전 포스터

묵직한 느낌의 외관 　　　　　　　　　　쉼이 있는 창가에서 에도성을 한눈에

한국 예술을 외부자의 시각에서 발견하는 데 큰 역할을 했기에 이 특별전시에서는 단아한 아름다움이 돋보이는 조선의 공예품이 독립적인 장으로 구성되었고, 공예품 외에도 그가 '한국의 미'와 관련해 저술한 서적들도 소개되었다.

2022년 하반기에는 미술관 개관 70주년을 기념한 MOMAT컬렉션을 개최해 일본 미술사를 회고하며 미래를 전망했다. 2020년 예정되었던 도쿄올림픽을 대비하여 대대적으로 정비한 도쿄역 주변과 고쿄를 투어하며 미술관을 함께 둘러보는 코스도 인기가 있다.

쇼와관 昭和館

고난의 전쟁사와 생활사를 기억하는 장소

쇼와관은 1999년에 개관한 국립박물관으로 후생노동성이 관리, 운영한다. 이 쇼와기념관은 제국주의 전쟁과 고도 경제성장이 공존했던 쇼와시대를 기록하고 소환하는 기억기관이다. 특히 제2차 세계대전 전후 격변하는 시대를 헤쳐나간 일본인의 고단한 삶을 다채롭게 담아낸 사회적 기록을 통해 현재를 조망한다. 사회문화사적으로 다양한 서적, 사진, 음향자료와 박물 등을 소장하고 이를 효과적으로 전시해 학생들의 견학코스로 애용되고 있다.

전체 7층 건물 안에 대규모 전쟁 전후의 생활문화사에 관한 약 6만 3,000여 점의 다양한 자료를 소장하고 당시 국민의 생활적인 고충과 일상사를 시기별로 보여준다. 전시실은 시즌별 주제를 발굴해 일본인의 생활상을 담고, 4층과 5층 도서관과 시청각자료실은 전후 시대의 다큐멘터리, 사진, 필름과 음악, 관련 서적 등을 보관하고 서비스하고 있다.

2022년 가을에는 '과자의 기억: 달콤하고 쓴 추억들お菓子の記憶: 甘くて苦い思い出たち'이라는 제목으로 냉혹한 전시의 시대상을 보여주었다. 중일

전쟁 당시 병정놀이를 하는 소년의 모습을 담은 모리나가제과의 밀크캐러멜 광고 포스터는 파시즘이 난무하는 그때의 시대적 분위기를 기괴하고 씁쓸하게 전달한다.

왠지 기괴한 전시 포스터

아직도 건재한 '모리나가 밀크캐러멜'

오쿠라집고관 大倉集古館

기업가가 문화적으로 기억되는 방법

오쿠라집고관은 메이지와 다이쇼 시대에 활동했던 기업가 오쿠라 기하치로^{大倉喜八郎}(1837~1928)가 1917년 설립한 일본 최초의 사립박물관이다. 오쿠라는 동아시아 관련 문화재를 광범위하게 수집하며 대량의 문화유산이 서구로 유출되는 것을 막는 데 기여했으나,

육중하고도 견고한 출입구

1923년 간토대지진이라는 국가적 대재난을 맞아 건물과 많은 소장품이 소실되었다. 그때 무너진 건물은 1928년 당시 최고 건축가인 이토 주타^{伊東忠太}(1867~1954)에게 맡겨져 지진을 대비한 내진설계가 된 중국 고전양식의 건물로 재탄생되었다. 도쿄제국대학교 교수이기도 했던 이토는 그때까지만 해도 보편적으로 쓰였던 '조가^{造家}', 즉 말 그대로 집을 짓는다는 뜻을 지닌 용어를 인간에게 최적화된 생활환경을 창조한다는 뜻의

'건축建築'으로 바꾸고(학과명도 조가학과를 건축학과로 변경), 일본 건축사의 기초를 닦은 근대 건축학자이다. 이후 그는 1934년 도쿄 쓰키지의 혼간지本願寺, 1935년 사이타마현의 고마신사高麗神社 등 지금 봐도 흥미롭고 독특한 디자인의 건축물을 다수 설계했다. 현재 오쿠라 집고관은 국가 등록 유형문화재로 보존되고 있으며 일본 외 동아시아 전반의 국보급 미술품 약 2,500여 점을 다채롭게 보유하고 있다. 2021년 가을 기획전으로 일본 전통연극인 '노能' 관련 복식, 가면, 도구 등이 전시되었는데, 그중 특히 가을의 문양을 담은 복식은 기모노와 전통문양 패턴이 어우러져 계절적 감각이 돋보였다.

오쿠라집고관의 2022년 여름 기획전으로는 오키나와를 대표하는 직물인 '파초포芭蕉布'에 관한 주요 무형문화재 보유자(인간국보)의 수공예 작품들을 전시하였다. 이 전시는 특별히 오키나와 본토 복귀 50주년을 맞이해 기획되었다. 오키나와의 민예품은 담백하고 자연스러운 멋이 우리나라 공예품과 비슷한 면이 있다. 민예 운동가 야나기 무네요시는 오키나와 수직물을 가리켜 "언제 봐도 이 천만은 진짜입니다"라고

'노' 복식전 전시 포스터

오키나와 감성이 한 땀 한 땀

평하며 다양한 파초포를 수집해 일상의 미를 구현하는 데 활용했다고 한다.

상설전시로는 설립자의 20세기 초 음악 활동을 담은 노트와 악기, 사진 등이 오쿠라 재벌가의 문화적 기억과 어울려져 비치되어 있다. 참고로 2대 총수인 오쿠라 기시치로 大倉喜七郎(1882~ 1963)는 일본 최초의 오너 드라이버로 알려졌는데 17세 때 영국 케임브리지대학교에서 공부하면서 자동차의 매력에 빠져 최초의 전용 자동차 경주장인 브룩랜즈Brooklands 레이스에서도 입상했다고 한다. 1908년 귀국 당시 일류급 자동차 다섯 대를 가지고 돌아왔다고 하니,[21] 당시 이 가문의 엄청난 부의 규모를 가늠해볼 수 있겠다. 박물관은 국빈이 애용하는 숙소이자 인상적인 로비라운지로 유명한 도쿄 오쿠라호텔 앞에 위치해, 오쿠라기업의 문화적·역사적 이미지를 드높이는 데 중요한 역할을 하고 있다. 미술관 앞 동아시아 문화재 중 고려시대 석탑 등 한국문화재 반환 이슈가 아직도 해결되지 않은 것은 매우 유감스러운 일이다.

영빈관 아카사카이궁 迎賓館赤坂離宮
시대마다 옷을 갈아입고

도쿄 미나토구 모토아카사카°에 위치한 이 특별한 건축물은 1909년 도쿠가와 가문의 에도 별장이 있던 부지 일부에 동궁(황태자, 훗날 다이쇼천황)의 결혼식을 대비해 이른바 황태자 관저로 건설되었다. 제국주의가 팽창하던 20세기 초 일본은 당시 '글로벌 스탠더드'에 맞춰 제국임을 입증할 수 있는 건축물을 계획했다. 이에 도쿄국립박물관 표경관, 교토국립박물관, 나라국립박물관, 신주쿠 어원 어휴소 등을 설계했던 메이지시대 대표 건축가, 가타야마 도쿠마片山東熊 (1854~1917)°°가 총괄 지휘하고 건축가와 미술공예가 집단의 노력을 더해 10년간의 공사 기간을 거쳐 메이지 42년인 1909년에 서양풍 궁전 건축물을 완성했다. 이 궁전은 메이지 건축의 총결산, 메이지

°
아카사카 지역은 일본 국회의사당과 정부청사가 있고, 국빈용 숙소나 회의장, 파티장으로 쓰이는 영빈관이 있어 비교적 경비가 철저하고 거리마다 정돈이 잘되어 있는 지역이다.

°°
당시 일본에서 활동한 영국 건축가 조시아 콘도르(Josiah Conder)의 첫 제자

일본에서는 낯선 서양풍 궁전

최고의 기념물이라고 일컬어지며 현재 일본 유일의 네오바로크 양식Neo-Baroque* 건축물로 기록되고 있다.

다이쇼시대가 되어 아카사카이궁으로 불리게 된 이 동궁어소東宮御所는 제2차 세계대전이 끝나고 건물과 부지 관리가 황실에서 정부로 이관되면서 국회와 행정기관이 국립국회도서관, 내각법제국 등으로 사용했다.

1960년대 이후 국제사회에서 역할과 존재감이 커지면서 일본은 1964년 도쿄올림픽, 1970년 오사카세계박람회 등 굵직한 국제적 행사를 유치했다. 국가적으로 외빈을 맞이할 기회가 늘어나면서 1967년에 이곳을 수리해 국가적인 영빈시설로 활용하기로 결정했다. 이후 5년간 막대한 예산을 들여 정밀한 공사 끝에 1974년 현재의 영빈관이 완성되었다.

개관 이래 이곳은 전 세계 국빈 행사가 열리고 정부의 주요 손님이 머무는 고급 사교의 장소로 활용되며 화려한 외교활동의 무대가 되

•
19세기 후기~20세기 초기에 유럽과 미국 등에서 부활한 바로크 양식

었다. 2009년 건축 당시 건조물인 아카사카이궁의 본관, 정문, 분수지 등이 메이지시대 건축물로서는 최초로 국보로 지정되었다. 더불어 1974년 신설된 일본식 별관은 서양식 영빈관인 아카사카이궁(본관)의 동쪽에 위치하며 일본 고유의 접대방식으로

영빈의 또 다른 방식, 일본식 별관

귀빈을 맞이하는 역할을 하고 있다. 일본식 환대 체험과 서구식 영접을 결합하여 그야말로 최고 수준으로 손님을 맞이한다. 이 건물은 쇼와시대 대표 건축가로 정원 연구자이기도 했던 다니구치 요시로가 설계했다. 현재 영빈관은 국빈 영접 일정이 없는 시기에 비정기적으로 시민에게 공개된다.

특별히 아카사카이궁과 국회도서관의 장소적 인연은 1948년 2월 국립국회도서관법이 제정되어 시행되면서 시작됐다. 당해 6월 국립국회도서관은 아카사카이궁을 가청사로 개관하여 1961년까지 운영했고, 이후에는 나가타초永田町에 현재의 청사를 지어 이전했다. 화려한 궁전이 누구라도 이용할 수 있는 도서관으로 활용되던 빛나는 순간은 일본 국회도서관의 이색적인 당시 사진을 통해 역사적 기억으로 남아 있다.

도쿄도 정원미술관 東京都庭園美術館
귀족의 저택이 아름다운 공적 공간으로

일본의 한 황족 부부가 1920년대 초반 3년간 파리에 거주했다. 당시 파리는 전 세계 예술가들이 모여들면서 문화적으로 풍부한 도시로 성장하고 있었고, 디자인적으로는 기하학적인 무늬를 즐겨 사용하는 아르데코^{art déco} 양식이 전성기를 누리고 있었다. 화려한 도시 파리에서 귀국한 그들은 간토대지진 이후 폐허가 된 땅에 새 저택을 구상했다. 유학 시절 경험한 파리의 아르데코 양식을 저택에 전면적으로 적용하기로 하고, 당시 프랑스 장식미술계의 중진인 디자이너 앙리 라팽^{Henri Rapin}(1873~1939)에게 인테리어를 의뢰했다.

황족 부부의 미적 취향이 곳곳에 스며들어 건물 자체가 미술작품이라고 불릴 만큼 특별한 이 저택은 이렇게 시작되어 1933년에 완성되었다. 비일상적 아름다움으로 가득한 이 저택이 바로 도쿄도 정원미술관의 원형이다. 이 우아했던 대저택은 전쟁 후 전범 처리 과정에서 압류되어 한때는 국가의 영빈관으로 활용되다가 도쿄도에서 매입하여 1983년부터 시민을 위한 정원과 미술관으로 공개하고 있다.

우아한 정원 미술관 전경   저택 현관 홀은 이렇게

궁내청 건축팀이 설계하고 프랑스 일류 실내장식가가 전체 과정을
세심하게 디자인하여 1920년대 당시의 건축미가 잘 발현된 귀한 건
축물이라고 할 수 있다. 건물 곳곳에 1925년 파리 현대장식미술 국
제박람회에서 선보인 기하학적 패턴의 아르데코 디자인 양식이 과
감하게 구현되어 있다. 미술 공예품에 대한 특별전시 이외에도 저
택 건립과 관련된 사진과 서한, 당시 해외발주 영수증 수첩 등 다양
한 사료가 상설전시 중이다.

건물 전반에 드러나는 귀족적 우아함과 고급 취향의 물건들은
그 시절 일본의 소위 상류사회 사람들이 생각하는 이상적 생활
상과 그들의 심미안을 잘 반영하고 있다. 이 역사적 흔적들은 근
대적 하이클래스 정서와 대외 문화교류의 영향을 반추해볼 기회
를 마련해준다. 2021년에는 내부 전시물과 샹들리에 등을 디자인

한 프랑스 유리공예가 르네 라릭^{René Jules Lalique}(1860-1945)의 보석전을, 2022년 봄에는 '2022 건물을 보며 아르데코 책을 만나다^{Looking at Architecture 2022-encounters with Art Deco books}'라는 제목으로 건축, 미술, 디자인에 많은 영향을 준 아르데코 관련 20~30년대 출판 서적과 아르데코 박람회 사진 자료를 전시했다. 한때 '귀족'의 전유물이었던 장소가 이제는 100여 년 전에 꽃피웠던 예술과 디자인의 원형을 찾으러 오는 사람들에게 다양한 영감을 제공하고 있다.

박물관 입구도 아르데코 책으로　　　　　　아름다운 아르데코 책 전시

미나토구립 향토역사관 港区立郷土歴史館

기억의 층위를 만들다

미나토구립 향토역사관은 도쿄 도심이라고는 생각되지 않을 만큼 풍부한 자연과 녹나무가 인상적인 부지에 자리 잡은 박물관이다. 이 건축물은 원래 도쿄대학교 건축학과 교수 우치다 요시카즈內田祥三(1885~1972)*가 설계해 1938년에 건립한 공중위생원이었다. 당시 '우치다 고딕'으로 불리는 특징적 디자인으로 지어진 도쿄대학교 의과학연구소와 쌍둥이처럼 짝을 이루어 옆에 세워졌다. 건물 2층 아트리움atrium(중앙 열린 공간)에 좌우로 갈라지는 계단이 배치된 것이 특징적이다. 건물 내부의 강당, 교실, 연구실 등 세부적인 디자인이 당시 건축양식의 상황을 잘 보여주고 있어 근대건축 투어로도 인기가 많다. 역사적으로 잘 간직된 이곳은 개수되어 2018년부터 현재의 구립 향토역사관이라는 복합문화시설로 활용되고 있다.

*
건축학자이자 건축가로서 도쿄대학교 대강당을 설계했으며 도쿄제국대학교 총장을 역임했다.

현재 이 역사관은 도쿄 미나토구 지역을 그려낸 에도시대 우키요에를 소장해 지역의 현재적 의미를 되살리는 기억기관 역할을 하고 있다. 2021년 여름 '미나토구 우키요에 산책港区浮世絵さんぽ'이라는 기획전을 열어, 미나토구 세부 구역별 이전 시대 모습을 담은 그림과 사진을 각 지역에 대한 상세 설명과 함께 전시했다. 항구지역을 끼고 있는 모습이 인상적이어서 19세기 말 우키요에 소재로 많이 활용되어 흥미로운 그림이 많이 남아 있다. 2022년 여름에는 '고양이와 함께하는 삶Life with ネコ'이라는 제목으로 관련 우키요에와 자료를 전시한 특별전을 성황리에 개최하였다. 이곳은 내부 기념품 가게 전시품

미나코구 우키요에 산책

고양이와 함께하는 삶

자연스럽게 전시장으로 눈길을 끄는 기념품 가게

도 예쁘고 기념품 구성도 다채로워 찬찬히 살펴보는 맛이 있다.

상설전시로는 '테마 I: 바다와 사람의 역동성', '테마 II: 도시와 문화의 확산', '테마 III: 사람의 이동과 생활'이라는 세 가지 주제를 함께 선보이고 있다. 더불어 뉴스레터를 비롯한 다양한 발행물을 통해 학예관들의 조사연구 성과를 공유한다. 일본의 조몬시대˚부터 이어져온 3만 년에 걸친 미나토의 역사를 조감할 수 있으며, 동시에 향토적 특성이 살아 있어 활기찬 항구의 매력을 흠뻑 느낄 수 있다.

˚

일본의 중석기시대와 신석기시대에 해당하는 시기로, 대략 기원전 1만 4,000~1만 3,000년부터 기원전 1,000~300년까지를 가리킨다.

코마바공원 속 일본근대문학관 日本近代文学館
모던의 문학적 성과

도쿄 메구로구에 있는 코마바공원 주변에는 옛날의 영화^{榮華}를 보여
주는 귀족의 집터와 정원이 많다. 풍성한 이야기를 담고 있기에 장
소의 특별함도 남다르다. 물산이 풍부했던 에도시대, 전국 각지의
영주였던 지역 다이묘^{大名}들은 도쿄의 옛 지명인 에도에 경쟁적으로
자신들이 기거할 저택과 정원을 조성했다. 물론 이는 당시 중앙집
권화를 통해 권력을 강화하려던 에도막부의 정교한 정책으로 인한

옛 귀족 저택의 위용　　　　　　　　　참 모던한 건물

어쩔 수 없는 선택이었다. 시간은 흘렀고, 다이묘들이 이곳에 남긴 화려했던 생활의 흔적은 이제 다양한 과거의 스토리를 품은 공원과 미술관, 문학관, 시민을 위한 정원 등으로 변모했다.

코마바공원 안쪽에 위치한 일본근대문학관은 근대문학 기록에 관한 종합자료관으로, 일본 각지의 문학관을 연결하는 노드^{node} 역할을 한다. 1967년 코마바공원 부지로 전환된 쇼와시대(1930년) 마에다^{前田} 후작의 저택지에 개관했다. 현재 근현

왠지 정다운 1층 열람실 목록함

대 작가들의 수많은 명작 원고를 포함해서 도서와 잡지를 중심으로 약 17만 점의 자료를 수집, 서비스하고 있다. 일본근대문학관은 이러한 자료를 큐레이션하여 관람실이나 전시실에서 서적이나 전자매체로 공개하고 정기적으로 강연회를 개최하면서 일반인에서부터 전문 연구자에 이르기까지 다양한 이용자층을 대상으로 근대문학 콘텐츠 서비스를 확대하고 있다.

2022년 상반기에는 '메이지문학의 색채: 권두화와 삽화의 세계^{明治文}$^{学の彩り－口絵·挿絵の世界}$'라는 주제로 전시를 진행했다. 메이지시대에 유

레스토랑도 서재처럼

행한 에조시絵草紙*, 그림과 글이 하나의 세트였던 시대에 다양하게 변주된 삽화의 모습(집필 중에 구상이 바뀌거나, 본문과 그림이 어긋나는 경우 등)과 글이 중심이 되는 소설로의 변화 등을 입체적 전시를 통해 보여주었다. 근대문학관답게 문학관 입구에 있는 레스토랑에는 천장까지 올라간 인상적인 책꽂이가 자리 잡고 있고 근대작가들이 소설에서 제안한 요리법을 참고해 만든 작가 요리 메뉴판도 준비되어 있다. 근대문학 공간 속에서 잠시 쉬어가며 작가가 오래전에 언급한 요리를 먹어보는 색다른 즐거움을 누려보는 것도 좋을 듯하다.

•
사진을 그림으로 그려 넣어 인쇄한 흥미 본위의 책

일본민예관 日本民藝館
민예의 첫 물길을 찾아서

일본민예관은 당시 새로운 미적 개념인 '민예民藝'를 보급해 미를 생활화한다는 목표로 예술철학자 야나기 무네요시가 민예운동의 근거지로 삼고자 1936년에 설립했다. 도쿄 메구로에 위치한 본관과 서관(자택)은 야나기 선생이 중심이 되어 설계했으며, 일본 양식을 기조로 곳곳에 서양식 디자인을 도입했다. 자택 내 선생의 서가와 1924년 조선민족미술관* 건립을 위한 모금활동으로 콘서트를 개최하는 등 많은 내조를 했던 음악가 아내 가네코兼子의 작업공간인 피아노실 등도 인상적이다. 현재 이 건물은 1998년 도쿄 지정 유형문화재(건조물)로 지정되어 관리 운영되고 있다.

일본민예관은 야나기 선생의 컬렉션으로 도자기, 염직품, 나무옻

●
야나기 무네요시의 조선 미술품 수집은 1916년 첫 방문 이후 1940년까지 25년간 20여 차례 조선에 방문하며 집중적으로 이루어졌다. 그의 민예론이 형성되는 이 기간에 수집된 조선 미술품은 조선민족미술관 소장품의 기반이 되었다. (한국민족문화대백과, 한국학중앙연구원)

'일본'을 붙이기에는 조선의 공예가 참 많은 곳   진열장에도 야나기의 손길이

칠품, 회화 등 일본을 비롯한 외국(조선시대 예술품이 압도적으로 많다)의 공예품 약 1만 7,000점을 소장하고 있다. 야나기 무네요시가 엄선한, 그의 안목이 없었더라면 그저 사람들의 일상적 생활용품으로 평범하게 묻힐 수도 있던 예술품들이다. 예술가의 심미안이 민중 공예품을 새로운 차원의 예술로 승화시키는 작업에 얼마나 큰 역할을 할 수 있는지를 보여준다. 일본민예관은 정기적으로 야나기 컬렉션을 기반으로 전시 주제를 발굴하고 있다. 과거 화제를 모았던 전시회로는 '일본민예관 보수 개관기념 명품전: 조선 자기·오키나와 염직 등을 한자리에日本民藝館改修記念 名品展I · 朝鮮陶磁·木喰仏·沖縄染織などを 一堂に'(2021년 4~6월), '아이누의 아름다운 수작업アイヌの美しき手仕事'(2020년 9~11월) 등이 있다. 일본민예관은 생활에 기반한 소박미와 자생적 창의성을 중요하게 여기는 기억기관이라 하겠다.

특별히 2022년 가을에는 주일 한국문화원, 국외소재문화유산재단

등과 협력하여 '야나기 무네요시와 조선의 공예: 도자기의 아름다움에 이끌려柳宗悦と朝鮮の工芸：陶磁器の美に導かれて' 전시를 열었다. 연계 전시로 비슷한 시기에 신주쿠 한국문화원 갤러리에서 '야나기 무네요시의 마음과 눈: 일본민예관 소장 조선 관련 자료를 중심으로' 전시가 진행되었다. 이처럼 선생을 기억하는 학술문화 행사는 야나기 무네요시의『조선과 그 예술朝鮮とその藝術』간행 100주년을 기념하여 추진되었다. 야나기 선생이 일본민예관을 운영하며 펼친 민예운동은 이후 지속적으로 확산되어, 현재 일본 내 오사카, 구마모토, 마츠모토, 교토 등 열세 개 주요 도시에 민예관이 설립되어 운영 중이다.

2022년 전시 포스터

2022년 한국문화원 갤러리 전시 포스터

문화를 종합적으로 누릴 수 있는 곳
에비스가든 플레이스 & 도쿄도 사진미술관

에비스가든에서 펼쳐지는 하와이 축제

도쿄도 사진미술관東京都写真美術館은 에비스가든 권역에 위치한 일본 내 유일한 사진·영상 종합 미술관이다. 이곳은 사진영상문화의 내실화와 발전을 목적으로 1990년 일시 개관했고, 1995년 일본 최초의 사진과 영상에 관한 종합 미술관을 표방하며 문을 열었다. 이후 2016년에 '탑뮤지엄TOPMUSEUM'이라는 애칭으로 리뉴얼 재개장하여 운영되고 있다.

맥주회사 에비스의 영향력이 대단한 JR에비스역, 그 역에서 이어지는 긴 수평 에스컬레이터를 타면 어쩐지 일상과는 다른 세계로 데려다 줄 것 같은 기분이 든다. 그 끝에 나타나는 곳이 에비스가든 플레이스. 늘 문화적 행사가 많이 열리고, 특별히 여름에는 일본인이 선호하는 여행지인 하와이를 주제로 훌라댄스 축제가 펼쳐진다.

문화로 연결되는 미래

차분한 전시 분위기

이 미술관은 세계적으로도 희귀한 사진·영상 자료를 여명기부터 현대 작가의 것까지 다양하게 수집해 전시하고 있다. 현재 소장작품 수는 3만 6,000여 점에 이른다. 2022년 여름에는 '아방가르드의 발흥: 근대 일본의 전위사진'이라는 제목으로 기획전이 열렸다. 1930년대부터 1940년대 사이에 유행한 당시 해외 추상미술에 영향을 받아 전위적 활동을 하며 일본 주요 도시에서 작업하던 작가들의 실험적 사진 조류를 시기별 지역별로 살펴보는 전시였다.

아방가르드의 발흥

미술관 내에 세 개의 전시실이 있으며 2층, 3층 전시실에서는 동관의 소장 작품을 중심으로 한 전시회와 다양한 자체 기획전을, 지하 1층 전시실에서는 역사적 영상작품과 국내외 주목할 작가의 영상작품 등을 선보이는 전시회를 상시로 개최한다. '사진미술관에서 보는 영화'라는 공간에서는 영화를 상영해주며, 전시와 관련된 풍부한 도록이나 영상자료에 접근할 수 있는 편안하고 세련된 도서관도 인상적이다. 도서관은 잡지를 포함해 사진과 영상 관련 도서 11만 2,000권을 소장하고 있고, 미술관을 관람하지 않아도 무료로 자유롭게 이용할 수 있다. 사진을 좋아하는 젊은 층의 호응에 힘입어 탑뮤지엄은 현재 도쿄 관광명소 에비스가든의 대표적 문화공간으로 자리 잡았다.

❶

국립서양미술관
国立西洋美術館
The National Museum of Western Art
7-7 Uenokoen, Taito City, Tokyo
110-0007, Japan
https://www.nmwa.go.jp/jp/index.html

❷

도쿄국립박물관 구로다기념관
東京国立博物館 黒田記念館
Tokyo National Museum Kuroda
Memorial Hall
13-9 Uenokoen, Taito, Tokyo 110-8712,
Japan(Located in: Tokyo National Museum)
http://www.tobunken.go.jp/kuroda

❸

국립국회도서관 국제어린이도서관
国立国会図書館 国際子ども図書館
International Library of Children's
Literature, National Diet Library
12-49 Uenokoen, Taito City, Tokyo
110-0007, Japan
https://www.kodomo.go.jp

❹

아사쿠라 조각미술관
朝倉彫塑館
Asakura Museum of Sculpture
7 Chome-18-10 Yanaka, Taito City, Tokyo
110-0001, Japan
https://www.taitogeibun.net/asakura

❺

타가시마야 사료관 도쿄관
高島屋史料館TOKYO
Takashimaya Historical Museum TOKYO
2-4-1 Nihonbashi, Chuo, Tokyo 103-8265,
Japan
https://www.takashimaya.co.jp/
shiryokan/tokyo

❻

세이코박물관 긴자
セイコーミュージアム銀座
The Seiko Museum Ginza
4 Chome-3-13 Ginza, Chuo City, Tokyo
104-0061, Japan
https://museum.seiko.co.jp

❼

긴자 라이온 비어홀
ビヤホールライオン 銀座七丁目店
Lion Ginza 7-chome Beer Hal
7 Chome-9-20 Ginza, Chuo City, Tokyo
104-0061, Japan
https://www.ginzalion.jp/shop/brand/
lionginza7

❽

카메이도 텐진신사
亀戸天神社
Kameido Tenjin Shrine
3 Chome-6-1 Kameido, Koto City, Tokyo
136-0071, Japan
http://kameidotenjin.or.jp

쌓인 시간만큼 단단해지는 기억

다이토구·주오구·고토구

3. 국립국회도서관
국제어린이도서관

2. 도쿄국립박물관
구로다기념관

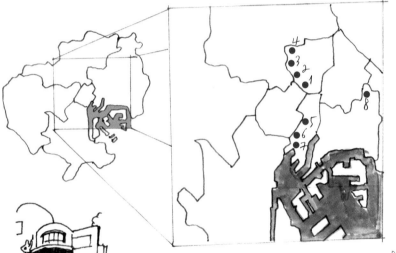

1. 국립서양미술관

8. 카메이도 텐진신사

4. 아사쿠라 조각미술관

5. 타가시마야 사료관 도쿄관

6. 세이코박물관 긴자

7. 긴자 라이온 비어홀

국립서양미술관 国立西洋美術館

르 코르뷔지에의 위대한 흔적

도쿄올림픽을 준비하며 더욱 정비된 우에노역을 걸어 나오면 범상치 않은 네모 모양의 콘크리트 건물이 첫눈에 보인다. 국립서양미술관이다. 1959년 우에노공원 입구에 자리 잡은 이 서양미술 전문미술관은 프랑스 정부가 소장했던 인상파 회화와 로댕Auguste Rodin (1840~1917)의 작품을 중심으로 하는 '마츠카타 컬렉션'을 일본으로 회수하기 위한 노력의 산물로서, 이제는 전설이 된 프랑스 건축가 르 코르뷔지에Le Corbusier(1887~1965)의 설계로 지어졌다.

이 미술관의 대표적 컬렉터인 마츠카타 코지로松方幸次郎(1866~1950)의 삶이 참으로 흥미롭다. 고베 가와사키조선소 초대 사장으로서 막

미술관 광장 안
인상적인 로댕의 작품들

대한 부를 축적한 그는 10여 년간 미술관 설립을 꿈꾸며 유럽에서 3,000여 점의 서양미술품을 수집했다. 이 미술품들은 1929년 경

수많은 일본 건축가에게 영감을 준 내부 공간

제공황의 여파로, 대규모 경매에 부쳐져 흩어지고 그중 파리에 남겨진 컬렉션이 2차 세계대전 이후 적대국의 재산으로 분류되어 프랑스 정부에 접수되었다. 이후 1951년 샌프란시스코 평화조약 체결 후 프랑스 정부로부터 기증 반환되었고, 이 작품들을 돌려받기 위한 국가적 시설, 즉 미술관 설립을 준비하게 된다. 이에 세계적 건축가로서 프랑스 국적인 르 코르뷔지에가 본관 설계를 진행해 오늘날 시민에게 특별한 경험을 제공하는 미술관으로 건립되었다.

설립 초기에는 근대미술품 위주로 수집했지만 이후 수집 분야를 넓혀서 현재는 르네상스 시대부터 20세기 초까지의 서양 회화, 조각, 판화, 소묘 등을 폭넓게 소장하고 있다. 이로써 이곳은 전 세계 시대별 대표 작가들의 작품이 전시되어 서양미술의 흐름을 한눈에 살펴볼 수 있는 풍부한 미술관이 되었다. 2007년 일본의 국가중요문화재로 지정되었고, 전 세계에 열일곱 개밖에 없는 르 코르뷔지에의 건축작품 중 하나로 2016년에 세계문화유산으로도 등록되었다. 이후 2020년에는 리뉴얼을 시작해 2022년 4월 대중에 공개되었다. 일본에 정착한 후 1년을 기다려서야 만날 수 있었던 미술관, 일단 미술관 앞 광장은 초기 창건 당시 건축가가 구상했던 모습으로 복원되어 로댕의 조각품들이 더욱 빛나는 공간으로 재탄생되었다. 소문으로만 듣던 마츠카타 컬렉션을 마주하는 순간이었다. '내가 좋아했던 작품이 바로 여기 있었구나'라는 감탄은 초기 소장품 이외에도 지속적인 미술품 발굴과 수집을 통해 확장된 작품들에서도

기념품 가게의 코르뷔지에　　　　　　　몰두하는 관람객들

이어졌다. 매해 새로 입수한 작품들은 별도 전시실에 꾸며져 방문
객의 기대에 부응하고 있다.

서양미술관은 현재 우에노 권역을 넘어 국제적 도시 도쿄를 대표하
는 특별한 문화적 장소가 되었다. 리뉴얼 오픈 기념으로 생전에 화
가로도 활동했던 건축가 코르뷔지에의 회화전과 마츠카타 대표 컬
렉션전을 기획하여 성황리에 진행되었다. 2022년 여름에는 미술관
주요 컬렉션인 인상파 작품 중 고흐^{Vincent van Gogh}(1853~1890)와 모네
^{Oscar-Claude Monet}(1840~1926)의 그림을 중심으로 '자연과 인간의 다이얼
로그: 프리드리히, 모네, 고흐에서 리히터까지^{自然と人のダイアローグ:フリードリ}
^{ヒ、モネ、ゴッホからリヒターまで}'라는 제목 아래 특별전을 개최했다. 여름철에
벌써 가을을 예감하는 컬러의 포스터가 인상적인 전시였다.

구로다기념관 黑田記念館
인물로 기억하는 근대미술

우에노공원을 중심으로 한 우에노
문화지구는 원래 간에이지^{寬永寺} 경
내로 에도시대 이래 벚꽃의 명소였
다. 메이지시대 이른바 신불분리령
을 포고하고 불교를 배척하여 절 규
모가 많이 축소되면서, 이곳에는 국
립박물관 외에도 우에노 동물원,
도쿄미술학교, 도쿄예술대학 등이
차례로 들어섰다.

현재 도쿄의 오래된 문화지구로 알
려진 이곳을 거닐다 보면 공원 한편

간토대지진에도 살아남은
우에노의 얼굴

에 자리한 고색창연한 아르누보풍 장식이 아름다운 건물을 만나게
된다. 이곳은 유산 일부를 일본미술 진흥을 위해 기부하겠다는 구
로다 세이키^{黑田淸輝}(1866~1924)의 유언에 따라 1928년에 준공된 건축
물로, 건물 자체가 근대유산으로 지정되었다.

일본 근대회화의 아버지라 불리는 구로다 세이키는 1884년 18세에 법 공부를 위해 프랑스에 유학을 갔다가 이후 미술로 전향해 1893년 27세에 귀국, 다양한 활동을 하며 많은 작품을 남겼다. 〈조장朝妝(아침 화장)〉이라는 제목의 누드화는 1895년 교토 일본권업박람회에 출품되어 전시 허락 여부를 놓고 격론을 치른 후 공개되어 화제가 되기도 했다.[22] 밝은 빛의 표현을 생소해하던 일본 서양화풍에 인상파적인 색을 과감한 누드화로 표현한 〈지·감·정智·感·情〉 3부작은 당시 미술계에 충격과 변혁을 가지고 왔다. 구로다는 1896년 도쿄미술학교(현 도쿄예술대학)에 서양화과가 신설되면서 교수로 재직하며 후진을 양성했고, 이후 일본제국의회貴族院 의원, 제국미술원 원장을 역임하면서 미술 행정가로도 활동했다.

〈지·감·정〉

구로다 사후 1930년에 미술에 관한 학술조사 연구와 연구자료 수집을 목적으로 이 건물에 '미술연구소(현 도쿄문화재연구소의 전신)'가 설치되었다. 이후 연구소가 신청사로 이전됨에 따라 현재 국립박물관 소속 구로다기념관으로 운영되고 있다. 구로다의 업적과 대표 작품을 소장하고 있어 정기적으로 그림, 소묘 등을 중심으로 한 큐레이션 전시를 하고 있다. 특히 2015년에는 대표작인 〈독서讀書〉(1891년), 〈지·감·정〉(1899년) 그리고 하코네箱根의 아시노코芦ノ湖와 건너편 산을 배경으로, 더위를 피하는 여인의 모습을 그린 작품 〈호반湖畔〉(1897년) 등을 감상할 수 있는 특별실을 새롭게 설치했다. 이 전시실은 연 3회, 연초, 봄, 가을에 각 2주씩 공개하고 있어 우에노공원을 산책하는 문화시민에게 많은 사랑을 받고 있다.

구로다의 대표작, 〈호반〉

국제어린이도서관 国際子ども図書館
건축으로 만들어낸 지적 휴식처

우에노공원에 자리 잡은 국제어린이도서관은 메이지시대(1906년) 제
국도서관으로 세워졌다. 르네상스 양식의 벽돌동^{レンガ棟}은 이후 쇼와
시대인 1929년에 증축을 거쳐 시대를 아우르는 일종의 융합건축이
되었고, 이는 현재 도쿄도가 지정한 근대시대 대표적 역사 건축물
중 하나이다.

원래 이곳은 제2차 세계대전 이후 제국도서관이 폐지되면서 국회도
서관지부 우에노 공공도서관으로 사용되었다. 이후 2000년 일본 유
일의 국립 아동서적 전문도서관으로서 새롭게 개관하면서 1899년
'제국도서관계획안'을 참고해 최대한
창건 당시 모습을 살려 복원하였다.
이와 더불어 도서관 내부 공간을 확
장하는 리모델링 작업도 수행했는데,
이 역사적 설계는 현대건축의 거장인
안도 다다오^{安藤忠雄}가 맡았다. 2015년
완공된 아치동^{アーチ棟}은 제국도서관의

활기 넘치는 도서관 간판

이질적인 건물의 연결

기억하고 싶은 과거는 현실이 된다

원안이었던 안뜰이 있는 도서관을 구현하고자 설립을 진행했다. 이렇게 안마당을 중심으로 벽돌동과 아치동을 연결해 유기적 환경을 조성해 이용자들이 지적 휴식처로 활용할 수 있게 하였다.

관내에는 65만 권이 넘는 다국어 아동 및 청소년용 도서와 동화책이 있으며, 책을 읽고 교류할 수 있는 공간도 갖춰져 있다. 더불어 모든 연령대의 이용자들이 독서를 즐길 수 있는 환경이 마련되어 있고 정기적으로 기획전시회도 열린다. 2022년 상반기에는 '우에노숲을 넘어 도서관에 가자! 세기를 넘는 벽돌동上野の森をこえて図書館へ行こう! 世紀をこえる煉瓦の棟'이라는 제목으로 근대건축물로서의 도서관과 이곳을 애용했던 근대문학가들을 재조명하는 전시가 열렸다. 이 도서관은 지역 주민 이외에도 우에노를 찾는 다양한 국적의 많은 사람에게 의미 있는 문화적 장소로 애용되고 있다.

아사쿠라 조각미술관 朝倉彫塑館
예술가를 영원히 기억하는 방법

인생은 짧고 예술은 길다는 말이 있다. 그만큼 예술은 시대의 흐름을 초월해 언제든 우리 곁에 있을 수 있다는 말일 테다. 또 한편으로는 작품을 통해 영원히 기억되고 싶은 예술가의 소망이 바로 거기에 있다는 말일 수도 있겠다. 오래도록 의미 있게 기억되고 싶다는 애틋한 마음. 그 마음은 어떻게 현실이 될 수 있을까? 자신의 작품과 예술세계가 구현된 공간을 후대를 위한 미술관으로 만든다면 가능하지 않을까? 아사쿠라 조각미술관은 이런 측면에서 많은 아이디어를 주는 장소이다.

이곳은 일본 조각계에서 중심적인 역할을 했던 예술가 아사쿠라 후미오朝倉文夫(1883~1964)의 아틀리에, 즉 작업실과 주거지를 그대로 활용한 미술관이다. 작가는 자신의 예술공간을 '아사쿠라 조소학교'라 명명하고 문하생을 육성했기에, 이곳은 예술가의 주거, 실습, 교육이 일체화된 장소라 할 수 있다. 고인의 뜻에 따라 1967년부터 조소관으로 일반 공개되었고, 1986년부터는 도쿄도 다이토구로 이관되어 현재 구립으로 운영되고 있다. 예술가가 직접 설계하여 1935년

누가 봐도 조각가의 집

내려다봐도 멋진 공간

옥상에서 내다본 도시 전경

완공한 건물은 현재 국가 유형문화재로 등록되어 있고 정원을 포함한 부지 전체가 국가 명승으로 지정되어 있다.

박물관 내부 아틀리에 공간에는 와세다대학 전신인 도쿄전문학교를 창립한 오쿠마 시게노부^{大隈重信}(1838~1922)의 동상, 〈묘지기^{墓守}〉와 조각가가 사랑했던 동물인 고양이 연작 등 그의 대표작이 상설 전시되어 있다. 더불어 공간 곳곳에 예술가가 수집한 장서와 다양한 컬렉션을 전시하여 그 시대의 문화적 취향과 예술가들의 학습공간을 살펴볼 수 있다. 2021년 특별 전시로 '역사에서 배우다: 아사쿠라 선생의 생명 강의^{歴史に学ぶ : 朝倉先生いのちの講義}'를 기획했다. 2022년에는 건축 투어와 함께 '아사쿠라 후미오의 의외의 작업^{朝倉文夫の意外な仕事}'이라는 주제로 문진 등 문화적 생활과 맞닿은 작은 작품을 선별하여 전시했다. 징겨운 닛포리역와 우에노역 주변으로 가면, 가장 먼저 걸어가보고 싶은 야나카 지역의 아담하고도 멋진 기억기관이다.

백화점의 공적 역할을 생각한다, 타가시마야 사료관

메이지시대 중반부터 소비경제가 발달하자 진열판매점이 늘어나고 백화점 등이 생기나 요즘과 같은 쇼핑 스타일이 정착되기 시작했다. 근현대 소비문화 공간으로서 쇼핑센터의 원형을 찾아볼 수 있는 타가시마야^{高島屋}는 1933년 도쿄 니혼바시점에 신축 백화점을 개점했는데, 이는 일본에서는 처음으로 냉난방 시설을 완비한 점포였다.[23] 타가시마야는 2009년 백화점 건축물로는 최초로 국가 중요문화재로 지정되었다.

일본의 상업적 발전사가 현재까지 이어지고 있는 이곳에 타카시마야 사료관이 자리 잡고 있다. 본원은 오사카에 있고 도쿄의 사료관은 분관이다. 1831년 창업 이래 수집·보존한 역사적 자료를 공개·활용할 목적으로, 1970년 오사카 타카시마야 동별관에 개관했다. 회사의 역사나 문화를 대외적으로 소통하는 거점으로 현재 수집자료는 미술품, 19세기 세계만국박람회 출품자료 등 백화점의 역사자료, 창업 시기 문서 등 약 5만여 점에 이른다. 현대적 소비나 새로운 생활문화를 제안하는 관점에서 정기적으로 일본의 근현대 역사 가운데 주제를 발굴해 큐레이션 전시한다.

2022년 상반기 도쿄관에서는 창업 190주년을 기념해 '파리 만국박람회 일본관(1937)'으로 인연을 맺은 건축가 사카쿠라 준조^{坂倉準三}(1901~1969)의 백화점 재건사업 관련 사료와 동영상 자료를 전시하였다. 백화점 사료관은 '건축가 사카쿠라 준조와 타카시마야의 전후부흥: 빛나는 도시를 목표로^{建築家·坂倉準三と高島屋の戦後復興 ─「輝く都市」をめざして─}'라는 제목으로 자료를 전시하여 일본의 전후 도시 재건작업을 돌

백화점 속 전시공간

'大오사카의 백화점' 전시 포스터

아보는 자리를 마련했다. 참고로 사카쿠라 준조는 프랑스 건축가 르코르뷔지에에게 사사받은 근대 건축가로, '빛나는 도시'라는 개념은 1935년 르 코르뷔지에의 현대도시이론에 관한 동명의 책에서 따왔다. 비슷한 시기 다카시마야 사료관(오사카)은 '大오사카의 백화점大大阪の百貨店'이라는 주제로 백화점 건축의 등장과 오사카의 모더니즘과 관련된 전시를 하였다.

근대시대 백화점은 일본 전후 새로운 차원의 도시 제안, 즉 대중 소비 사회를 새롭게 디자인하는 것과 밀접하게 연결되어 있다. 사료관의 전시는 많은 사람이 모이는 쾌적하고도 화려한 백화점이 민간에서 기억기관으로서의 공적 역할도 할 수 있음을 확실히 보여준다. 근대문화가 성숙하면서 백화점을 통한 소비가 다채로워지고, 시민의 생활 동선이 변화하면서 백화점의 기능도 확대되었고, 그 변화는 현재도 진행되고 있음을 확인할 수 있었다.

세이코뮤지엄 긴자 セイコーミュージアム銀座
시간에 대한 흥미로운 역사

세이코뮤지엄 긴자는 세이코^{精工} 시계의 발상지인 도쿄 긴자에 세워진 시계박물관이다. 도심 한가운데 위치한 이 사립 기억기관은 주제별로 마련된 각 전시관을 통해 1881년 창립 이후 100년이 훌쩍 넘는 역사를 지닌 세이코그룹의 기업 홍보에 그치지 않고 시계를 매개로 역사와 다양한 사회 변화상을 살펴보게 한다.

박물관 1, 4, 5층에서는 세이코시계의 탄생과 시대별 생활, 스포츠산업 등에 활용되었던 다양한 시계 유산을 살펴볼 수 있다. 특별히 긴자 가로수길 전망이 보이는 2층에서는 '일본의 시계왕'으로 불리던 창업자 핫토리 킨다로^{服部金太郎}(1860-1934)의 삶과 근대시대 시간 표기법이 전환되면서 펼쳐진 사회의 변화를 살펴볼 수 있다. 그리고 3층 전시관 '자연이 전하는 시간에서 인간이 만드는 시간'에서는 실물 해시계와 일본 시계 등 7,000년간 이어진 시계의 역사를 입체적으로 조망해볼 수 있다. 이 박물관은 '시대를 초월한 가치'를 주제로 다양한 장르의 기획전을 연 4~5회 개최하고 있다.

메이지시대, 시간에 관한 흥미로운 에피소드가 있다. 당시 서양의 제

외관에도 거대한 시계가

흥미로운 시계의 역사

도를 도입해서 급진적인 근대화를 추진했던 메이지 정부는 1873년 (메이지 6년)부터 음력^{旧暦}을 대체해 현재의 양력^{新暦}을 채용하고 에도 시대에 사용된 부정시법에서 서구식 정시법으로 전환한다고 발표했다. 이에 따라 전해인 1872년 메이지 5년 12월은 겨우 이틀 만에 끝나고, 갑자기 그다음 날인 12월 3일이 메이지 6년 1월이 되었다.[24] 사전 포고부터 시행까지 한 달도 안 되는 개력^{改暦}으로 전 사회적으로 엄청난 혼란이 일어났다고 한다. 그러나 새로운 시간표기를 채택하면서 서양 방식의 시간관리와 함께 시계에 대한 수요와 생산이 가속화됐고 한동안 수입에 의존하다가 메이지 20년대에 드디어 시계 국산화에 성공했다. 메이지 25년에 생긴 세이코샤^{精工舎}, 세이코기

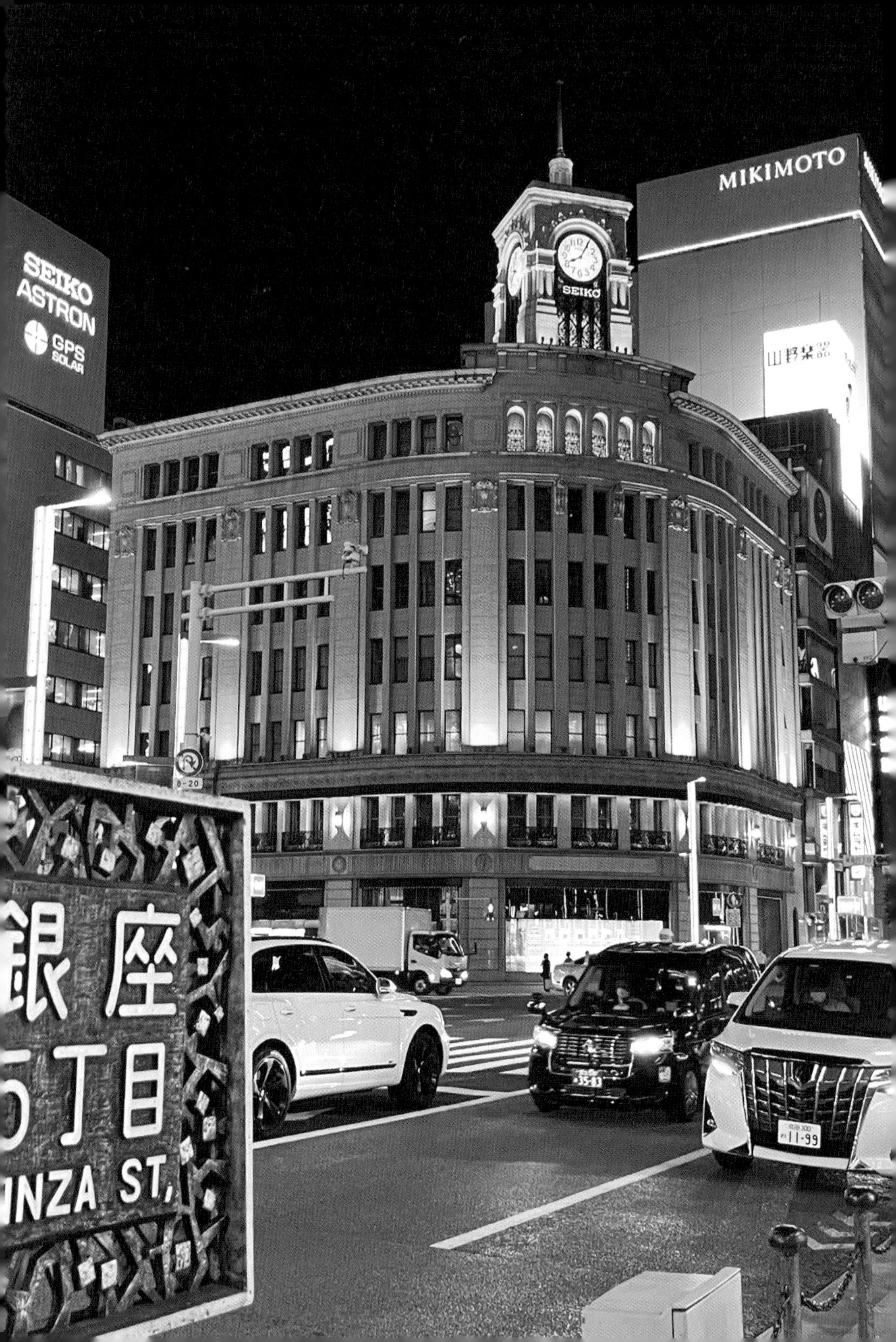
SEIKO
ASTRON
GPS SOLAR
MIKIMOTO
SEIKO
山野楽器
銀座
丁目

업은 서구식 정시법 도입에 큰 영향을 받았으며 이후 시계 산업의
부흥을 이끌었다.

1923년 간토대지진 이후 도시 재건은 당대의 커다란 과제였는데,
무너진 세이코샤의 핫토리건물 재건은 당시 국립박물관 본관을 디
자인한 와타나베 진渡辺仁(1887~1973)이 맡았다. 이렇게 1932년 '핫토
리 시계탑'은 그 시대 최고 건축가의 설계로 도쿄 긴자에 다시 태어
난다. 현재 이 건물에는 세이코그룹의 소매 부문인 와코日光백화점
이 입점해 있고, 2022년 '세이코하우스 긴자'라는 이름으로 일본의
대표적 번화가인 긴자의 대표적 상징으로서 확고히 자리 잡았다.
긴자의 중심에 위치해 수많은 사람의 SNS에 사진 이미지로 등장하
는 이 럭서리 건물에 담긴 근대 시계 스토리가 이 장소의 도시적 매
력을 더한다.

다 함께 축배를,
긴자 라이온 비어홀

꽤 오래전부터 일본 맥주는 세계 각지에서 인기를 끌고 있다. 특히 양국 간 관계에 따라 들쑥날쑥하긴 하지만 우리나라 소비자에게도 꾸준한 선택을 받고 있다. 일본 맥주의 시작은 메이지 4년(1871)으로 거슬러 올라간다. 일본 맥주는 요코하마 야마테山手의 물로 영국인이 양조를 시작한 것이 최초라고 한다. 이후 홋카이도 개척사開拓使가 삿포로에 양조장을 만들고, 메이지 18년에는 수출을 겨냥한 본격적인 맥주회사 재팬 브루어리 컴퍼니도 발족했다.[25] 이것이 삿포로 맥주와 기린 맥주의 전신이다.

처음에 맥주는 무척이나 비쌌는데, 얼마 지나지 않아 대중적 비어홀이 생겨나 일반인도 접할 수 있게 되었다. 최초의 본격적인 맥주홀은 1899년 일본맥주 주식회사가 신바시 근처의 교바시구 미나미킨로쿠초에 개점했다. 당시 신문에 의하면 멀리서 마차를 타고 오는 손님도 있고, 하루에 800명이나 되는 손님으로 성황을 이뤘다고 한다.[26]

긴자에 가면 중앙로에 위치한 인상적인 쇼핑몰 긴자식스Ginza Six®로 발걸음이 향한다. 건물 안 츠타야서점도 멋지고 개방감이 훌륭한 옥상정원에서 도쿄의 전망을 보면 가슴이 탁 트인다. 그렇게 있다 보면 왠지 쉬면서 맥주를 한잔하고 싶어진다. 천천히 내려가 주변을 산책하며 살펴보는데, 눈에 들어오는 인근의 긴자 라이온 비어홀!

쇼와시대 대표 건축가로 정원 연구자이기도 했던 다니구치 요시로의 아들 다니구치 요시오(谷口吉生, 1937~)가 2017년에 설계한 작품으로, 주변 도시문제를 현명하게 풀어내어 성공적인 도시재생개발 사례로 평가된다. 요시오는 2004년 재개관한 뉴욕 현대미술관을 재설계하면서 세계적으로도 잘 알려진 일본 건축가이다.

| 대로변에서 보이는 간판 | 풍성한 레트로 맥주의 세계로 |

레트로한 가게 안으로 일단 들어서면 순식간에 시대를 넘어선 듯한 오래된 느낌의 아름다운 타일로 벽, 바닥, 기둥을 섬세하게 꾸민 거대 홀이 나온다. 실내의 아름다운 녹색 기둥은 보리의 이삭, 갈색 기둥은 대지를 나타낸 것이라 한다. 카운터 너머 큰 벽면에는 그리스풍 의상을 입고 보리를 수확하는 아름다운 여인이 그려져 있다. 완성까지 장장 3년의 시간이 걸렸다는 이 벽화에는 형형색색 고색창연한 유리 타일이 사용되었다.

1934년 개업할 당시에는 남성만 들어올 수 있는 사교장이었으나, 제2차 세계대전이 끝나고 얼마 지나지 않은 시기부터는 여성도 이곳에서 맥주를 즐길 수 있게 되었다고 한다. 편안한 분위기를 위해 적당히 어두운 조명이 설치되어 늦은 오후부터 하루의 피로를 풀거나 가벼운 사교를 위해 찾는 사람들이 많다. 100여 년 전 사람들은 서구의 대중적 술인 맥주를 어떻게 받아들이고 즐겼을까. 그들의 웃음소리와 흥겨움이 느껴진다. 1920년대 쇼와시대 초기 분위기가 물씬 밴 건물에 일본 근대의 산물인 삿포로 맥주를 맛볼 수 있는 레트로 가게, 그것만으로도 긴자는 사람들에게 더욱 친숙한 장소가 된다.

근대소설가가 사랑한 단맛의 추억,
카메이도텐 신사와 후나바시야

일본뿐 아니라 우리나라에서도 독자층이 두터운 나쓰메 소세키와 그의 제자 아쿠타가와 류노스케. 1910년과 1920년대 작품활동을 한 그들은 작품만이 아니라 디저트 취향도 참 모던하다. 술을 멀리하고 단 음식을 좋아한 식성. 어찌 보면 귀엽고 인간적이라고나 할까? 일본 근대시대 작가들을 살펴보니 그들 삶의 소소한 에피소드도 눈길을 끈다. 1950년 구로사와 아키라黑澤明(1910~1998) 감독의 영화로 더욱 유명해진 「라쇼몬」의 저자 류노스케는 단 음식 중에서도 특히 쿠즈모치를 좋아했는데, 도쿄 카메이도텐 신사 근처에 위치한 후나바시야船橋屋라는 가게의 단골이었다고 한다. 가만있자…. 카메이도텐 신사는 여름에는 등나무 축제로, 2월에는 매화 축제로 유명한 곳으로 도쿄의 수많은 신사 중에서도 꼭 한번 가보고 싶은 곳이었다. 대개 매화를 심는 신사는 학문의 신을 모시는 경우가 많다. 2월 입시를 앞두고 찾아온 신사 참배객에게 우아한 매화로 화답한다고나 할까.

늦은 오후 매화 가득한 신사도 볼 겸, 100년 전 소설가가 사랑한 디저트 가게도 갈 겸 길을 나섰다. 오래된 소박한 동네에 약간 중국 분위기도 나는 것 같던 신사. 도쿄 스카이트리가 생긴 후 높은 타워와 신사를

도쿄 스카이트리와 신사

함께 찍을 수 있어서 사진 스폿으로도 유명해진 듯하다. 경내를 둘러싼 매화나무와 여름 초반에 보라색 꽃으로 환해질 등나무 터널과 연못을 에워싼 산책길을 천천히 둘러보며 몇백 년간 오고 갔을 수많은 사람의 소망과 즐거움 그리고 한숨을 느껴본다. 인간적 소망과 기원, 인생의 어느 시점 우리는 어디에서든 누군가에게 기도를 하고 싶어진다.

오후 5시 신사가 문을 닫을 무렵 자리를 옮긴다. 이제 류노스케가 즐겨 찾았다던 디저트 가게에 가서 바로 그 음식의 맛을 느껴볼 차례다. 그런데… 앗! 후나바시야는 5시 이후에는 테이크아웃 주문만 받는단다.

5월 등나무 꽃이 피어날 때, 다시 한번

이런, 100년 전 근대 소설가의 디저트를 집에 가져가 운치 없게 먹을 수는 없지! 5월, 등나무 꽃이 필 시점에 마음먹고 다시 와보리라. 류노스케의 단편집을 다시 한번 읽고.

100년 전 소설가의 맛집

❶

모리오가이기념관
文京区立森鴎外記念館 (観潮楼跡)
Mori Ōgai Memorial Museum
1 Chome-23-4 Sendagi, Bunkyo City,
Tokyo 113-0022, Japan
http://moriogai-kinenkan.jp

❷

도요분코
東洋文庫ミュージアム
Toyo Bunko Museum
2 Chome-28-21 Honkomagome, Bunkyo
City, Tokyo 113-0021, Japan
http://www.toyo-bunko.or.jp/museum

❸

나쓰메소세키 기념관
漱石山房記念館
Natsume Soseki Memorial Museum,
7 Wasedaminamicho, Shinjuku City,
Tokyo 162-0043, Japan
(Located in: Soseki Park)
http://soseki-museum.jp

❹

와세다대학 극장박물관
早稲田大学坪内博士記念演劇博物館
Tsubouchi Memorial Theatre Museum
1 Chome-6 Nishiwaseda, Shinjuku City,
Tokyo 169-0051, Japan
(Located in: Waseda University)
https://www.waseda.jp/enpaku

❺

자유학원 명일관
自由学院 明日館
Jiyu Gakuen Girls'School
2 Chome-31-3 Nishiikebukuro, Toshima
City, Tokyo 171-0021, Japan
https://www.jiyu.jp

❻

우표 박물관
切手の博物館
Philatelic Museum
1 Chome-4-23 Mejiro, Toshima City,
Tokyo 171-0031, Japan
https://kitte-museum.jp

❼

키타구 중앙도서관
北区立中央図書館
Kita-ku Chuo Library
1 Chome-2-5 Jujodai, Kita City, Tokyo
114-0033, Japan
https://www.library.city.kita.tokyo.jp/
viewer/info.html?id=1

❽

가마쿠라 키요카타기념미술관
鏑木清方記念美術館
Kamakura Kaburagi Kiyokata Memorial
Museum
1 Chome-5-25 Yukinoshita, Kamakura,
Kanagawa 248-0005, Japan
http://kamakura-arts.or.jp/kaburaki

❾

가마쿠라문학관
鎌倉文学館
Kamakura Museum of Literature
1 Chome-5-3 Hase, Kamakura,
Kanagawa 248-0016, Japan
https://www.city.kamakura.kanagawa.jp/
annai/shisetsu/04_bungaku.html

품격 있는 모던을 탐독하는 시간

📍

분쿄구 · 신주쿠구 · 도지마구 · 키타구
도쿄 인근-가마쿠라시

4. 와세다대학 극장박물관

3. 나쓰메소세키 기념관

2. 도요분코

1. 모리오가이기념관

5. 자유학원 명일관

7. 키타구 중앙도서관

6. 우표 박물관

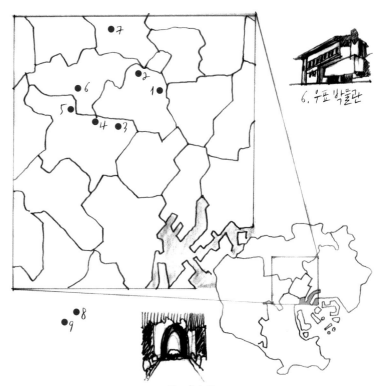

8. 가마쿠라
키요카타기념미술관

9. 가마쿠라문학관

모리오가이기념관 文京区立森鴎外記念館
일본 근대문학의 기원을 찾아서

예전부터 도쿄의 문인과 학자가 많이 살았던 곳, 왠지 지적인 향기가 나는 동네. 그래서 이름도 분쿄구^{文京区}이다. 모리오가이기념관은 근대 작가를 기념하는 기억기관으로 아주 오래전에 만들어진 듯한 고즈넉한 산책길을 지나면 나온다. 메이지시대를 대표하는 문호 모리 오가이^{森鴎外}(1862~1922)가 30여 년간의 문학 인생을 보냈던 장소에 정문 기둥터 등 옛 시절의 흔적을 남겨놓고 2012년 구립 기념관으로 개관하였다.

오가이는 의사 집안에서 태어나 군의관으로 근무하면서 독일 유학 후 서구적 가치관과 식견을 문학에 풍부하게 담았다. 원래는 의학, 위생제도를 배우기 위해 국비유학을 갔는데 평소 관심사였던 문학과 미술에 대한 안목을 높이고 귀국하여 다양한 저술활동을 시작했다. 이후 1890년 문단 데뷔작 「무희」를 비롯해 「기러기」, 「아베일족」 등 많은 소설을 집필하며 일본 근대문학의 선구자 역할을 했다. 모리 오가이는 유학 시절 괴테^{Johann Wolfgang von Goethe}(1749~1832)의 작품에 많은 영향을 받아 『파우스트』를 일역했고 번역 작업을 하며 다양한 한자어를 새로 만들어내기도 했다.

당시 오가이의 저택은 아쿠타가와 류노스케, 이토 사치오伊藤左千夫(1864~1913) 등 일본 근대시대를 대표하는 지식인들의 사교장이기도 했다. 모리 오가이는 육군 퇴역 후 만년에 국립박물관 전신인 제실박물관장 겸 도서관장, 제국미술원장을 지냈다. 그래서 우에노공원에 위치한 국립박물관 근처에는 종종 지적인 아우라가 물씬 풍기는 그의 사진 포스터나 플래카드가 휘날리기도 한다.

모리오가이기념관은 의대생 시절 강의 노트, 문예지와 자필 원고 및 서간, 다양한 번역서와 사진 그리고 유언서 등 그의 삶과 관련된 다양

거리의 모리 오가이

한 자료를 소장하고 이를 정기적으로 큐레이션하여 전시하고 있다. 2022년 기념관은 모리 오가이의 탄생 160년, 작고 100주년이 되는 해를 기념하여 '사진 속 오가이, 인생을 새긴 얼굴写真の中の鴎外 人生を刻む顔'이라는 주제로 특별전시를 기획했다. 참고로 분쿄구는 근대시대 많은 지식인이 살았던 센다기 지역의 특성을 잘 살려 인근의 도요분코, 야요이미술관, 정원 등을 연결한 '분쿄 기억기관 네트워크 지도Bunkyo Muse Net Map'를 만들어 문화적 마을가꾸기 사업도 진행하고 있다.

도요분코 東洋文庫
노블리스 오블리제가 빛나려면

동양학 분야에 있어 아시아 최대 연구도서관인 도요분코, 예전에 선배들이 자료수집차 일본에 출장을 가면 반드시 들르는 곳이었다. 솔직히 나는 그곳이 출판사가 운영하는 고서점인 줄 알았다. 문고라는 말이 도서관을 지칭하는 예전 명칭 중 하나라는 걸 안 것은 그 후의 일이다. 분쿄구의 조용한 마을에 자리 잡은 이 유서 깊은 도서관은 1924년 일본의 대표적 재벌기업인 미쓰비시三菱 가문 3세가 설립한 공익기관이다. 미쓰비시그룹 3대 총수였던 이와사키 히사야岩崎久弥(1865~1955)가 개인적으로 수집한 역사와 문화에 관한 일본어 자료와 특별히 1917년에 입수한 「런던 타임스」 중국 특파원이자 대통령 특별 고문이었던 조지 어니스트 모리슨George Ernest Morrison(1862~1920)의 개인 컬렉션이 이 도서관의 초기 주요 자료이다. 이곳은 1948년부터 국립국회도서관 지부로 지정되어 도서관 부문 관련 자료 정리나 열람 업무는 국립국회도서관의 소관 하에 있다. 설립 스토리가 남다른 이 연구도서관은 2011년 건물 내 박물관도 개관하여 현재 1, 2층에 전시공간을 만들어 소장자료를 다양하게

아름다운 모리슨 서가 전시 　　　 책표지에도 등장하는 서가

큐레이션 전시하고 있다. 박물관 입구 오리엔트홀에는 전 세계 언어로 기록된 고서가 전시되어 있으며 특별히 1층에는 〈광개토대왕 비문 탁본^{広開土王碑文拓本}〉과 〈에도 대회도^{江戸大絵図}〉의 모작이 실제 크기로 거대하게 천장에 매달려 있다. 초기 장서 확립에 도움을 준 '모리슨 서고'는 약 2만 4,000권의 책이 벽 한쪽에 수납된 인상적인 모습으로 구현되어 있다. 일본 제일의 아름다운 책장으로 알려진 덕에 방문객들은 그 차분하고 압도적 분위기 속에서도 각자의 눈높이에서 꼭 사진을 찍곤 한다.

2021년에는 특별전으로 1층 전시공간에 도서관 소장문헌에서 조사한 전 세계 지진 관련 고문헌과 역사기록을 전시하였다. 우리나라와 관련된 고문헌을 분석하면서 1681년 숙종 때 지진 관련 기록이

정교한 사료 발굴의 힘

기재된『조선왕조실록』을 해당 페이지까지 표시하여 상세하게 설명한 부분이 눈길을 끌었다. 2층 전시장에서는 '에도에서 도쿄로: 지도로 보는 도시의 역사江戸から東京へ: 地図で見る都市の歴史'라는 주제로 시대마다 일본 수도의 변화되는 모습을 통해 도쿄라는 유서 깊은 도시 역사를 지도로 조망하였다.

참고로 이 연구도서관 인근에는 1702년 조성되어 '에도의 2대 정원'이라 불렸던 도쿄의 대표적 정원인 리쿠기엔六義園이 자리 잡고 있다. 역시 오래된 역사를 가진 다이묘의 정원이 시민을 위한 공원으로 변화, 발전되는 과정도 미쓰비시그룹 이와사키 가문의 스토리와 밀접하게 연결되어 있다. 한 재벌기업의 사회적 기여, 혹은 그 기여를 유도하는 제도는 현재 문화나 학술연구에 대한 지원사업으로 이어지고, 이곳의 문화적 흔적과 자산은 미래 세대에게 기억되고 계승되고 있다.

소세키산방기념관 漱石山房記念館
와세다 건축팀의 귀한 복원

산길을 오르면서 이런 생각을 한다. 이지^{理智}만을 따지면 타인과 충돌한다.
타인에게만 마음을 쓰면 자신의 발목이 잡힌다. 자신의 의지만 주장하면
옹색해진다. 여하튼 인간 세상은 살기 힘들다. 살기 힘든 것이 심해지면
살기 편한 곳으로 옮겨가고 싶어진다. 어디로 옮겨가도 살기 힘들다는 것
을 깨달았을 때 시가 태어나고 그림이 생겨난다. 「풀베개」[27]

우리의 삶에 왜 예술이 필요한가를 나쓰메 소세키는 작품 속 주인
공을 통해 이렇게 말하고 있다. 일본 근대문학의 대표 작가, 그를
기리는 소세키산방기념관. 나쓰메 소세키 탄생 150년을 기념하여
2017년에 개관한 신주쿠 구립 기념관이다. 1945년 공습으로 소실
된 작가의 생애 마지막 집(1907~1916)을 와세다대학 건축학과 건축연
구팀이 자료조사와 복원작업을 거쳐 기념문학관으로 만들었다.
작가가 좋아했다던 파초 등 각종 식물이 환대를 해주는 듯한 분위
기의 정문으로 들어가면 1층 입구에 작가의 생애를 소개하는 무료
전시가 있다. 이 안쪽 공간에 가나가와 근대문학관^{神奈川近代文学館}과 소

섬세하게 재현된 서재

오필리아 그림이 매칭된 감각적 포스터

세키문고가 있는 도호쿠대학도
서관이 협력하여 구성한 소세키
서재 재현 전시실이 있다. 소세키
는 이 서재에서『마음』등 후기 대
표작을 집필했다. 2층으로 올라
가면 주제전시 및 특별전이 개최
되는 전시실이 있는데 그래픽 패
널 등으로 작가의 인간관계도, 소
세키와 하이쿠, 그가 스케치한 그
림 등이 소개된다. 주제와 관련
된 작가의 작품 초고나 서한, 초
판본 등의 자료를 차분하게 볼 수
있도록 전시가 구성되어 있다. 뒤
뜰로 연결되는 개방감 있는 지하
1층에는 소세키 작품과 도서 약
3,500권을 열람할 수 있는 도서
실이 있고 비치된 도서 중에 한국
어로 번역된 자료도 있다. 도서실
에서 야외로 열린 계단으로 나아
가면 소세키공원漱石公園에 소세키
흉상과 '고양이 석탑'이 있다.

2022년 여름에는 '나쓰메 소세키의 「풀베개」의 세계로夏目漱石「草枕」の世界〜'라는 주제 전시를 열었다. 작가의 대표작인 소설 「풀베개」 속에 다양하게 인용되었던 동서양 예술품과 이미지를 구현한 그림책, 두루마리 그림, 삽화 등을 살펴볼 수 있었다. 햄릿이 사랑했던 오필리아의 비통한 죽음을 극적으로 다룬 영국 화가 밀레이John Everett Millais(1829~1896)의 그림과 우키요에 스타일의 오필리아 그림을 대조해 구성한 감각적 포스터가 눈길을 끈다.

근대시대 일본 지식인의 자아를 둘러싼 갈등을 그려낸 작품을 많이 선보였던 메이지시대 대문호의 위상을 반영하듯 신주쿠구에는 소세키와 관련된 장소가 많다. 기념관 근처 와세다역 교차로 부근에 작가가 태어났다고 알려진 곳이 있는데 그 주변을 나쓰메언덕夏目の坂이라는 이름으로 공식적으로 지정하고 걸어 다니면서 소세키를 기억할 수 있게 하였다. 신주쿠구는 이 기념관을 거점으로 작가의 문학적 흔적을 따라 도시여행을 할 수 있는 '산책지도'도 만들어 지역의 문화적 이미지를 만들어가고 있다.

신주쿠 내 소세키의 흔적들

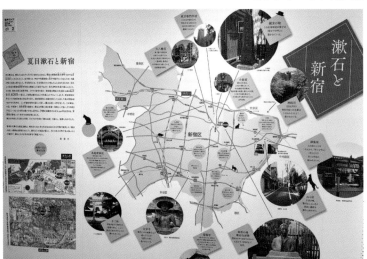

111

와세다대학 연극박물관 早稲田大学坪内博士記念演劇博物館
이 세상을 무대로 연극처럼

가부키歌舞伎는 일본 고전 연극으로 노래, 춤, 연기가 함께 어우러지는 공연예술로서 에도시대부터 대중에게 사랑받아왔다. 메이지시대에도 이전 시대와 큰 변화가 없는 내용으로 상연되었고 도쿄에는 대표적인 가부키 극장들이 있었다. 당시 정부는 민중 교화 수단으로서 가부키에 주목하고 개화정책에 따라 연극 개량 지도에 나섰다.[28] 이후 유명배우가 연이어 세상을 떠난 20세기 초에 가부키도 쇠퇴하고, 신파나 제국극장의 여배우극이 활발해지면서 일본 연극계는 새로운 전개를 맞이하게 된다.

와세다대학의 오랜 역사와 문화적 기품을 보여주는 대표적인 근대 건축물인 연극박물관은 일본 전통적 연극의 역사와 서구식 연극 자료를 수집하여 다채롭게 전시하는 기억기관이다. 와세다대학 영문학과 교수로 재직하면서 소설가, 평론가, 번역가로 활동하고 1880년대 후반부터 셰익스피어 작품을 일본에 최초로 소개한 극작가인 쓰보우치 소요坪内逍遥(1859~1935)의 소장품과 자료를 기초로 구성되었다. 쓰보우치는 연극연구소를 설립해 신극배우 양성을 추진하는 등 일본 내에서 신극운동을 창시한 사람 중 한 명이다. 근대극의 기반을 만든다는 생각으로 본격적인 셰익스피어 번역에 착수, 1909년에『햄릿』을 간행했고 1915년 와세다대학에서 퇴직한 이후에는 여생을 셰익스피어 작품을 번역하는 데 바쳤다.

셰익스피어를 생각하며

와세다대학 연극박물관은 1928년 쓰보우치 교수의 고희(70세)와 그의 역작인『셰익스피어 전집』전 40권이 완성된 것을 기념하여 설립되었고, 현재 아시아 유일 연극 전문 박물관으로 알려져 있다. 세계 각지의 연극 영상자료와 일본 가부키 관련 복식, 그림, 자료 등 약 100만 점에 이르는 컬렉션을 보유하고 있고, 디지털아카이브 컬렉션을 통해 4만 7,000점 이상의 연극 관련 우키요에를 공개하고 있다. 1층에 도서관이 있어 연극 영상자료 수집, 조사연구 및 정리보존 활동을 하고 있다.

도발적인 전시 포스터

'연극의 역사'에 관한 콘텐츠 큐레이션을 통해 정기적으로 전시 활동을 하고 있으며 2022년 초에는 '신파: 아방가르드 연극의 수맥新派 (SHIMPA)―アヴァンギャルド演劇の水脈'이라는 기획전시를 진행하였다.

참고로 이곳은 소설가 무라카미 하루키村上春樹(1949~)가 재학시절 와세다대학에서 좋아했던 장소로, 연극 희곡 대본과 시나리오를 쓰기 위해 자주 방문했다고 한다. 2021년 박물관 앞에 무라카미하루키도서관이 설립되어 캠퍼스 내 이 구역은 일본의 근대시대와 현재를 잇는 와세다의 대표적 기억기관이자 핫플레이스로 자리매김되었다.

연극박물관 앞 하루키도서관

자유학원 명일관 自由学院 明日館
지금 여기에서도 빛난다

자유학원 명일관(School of Tomorrow)은 내가 살았던 동네인 메지로 권역에서 가장 유명한 건물이다. 1921년 건축되어 100년의 역사를 가진 국가 지정 중요문화재이다. 더불어 이곳은 '사용하면서 보존하는 문화재'를 표방하며 현재까지도 교육 및 문화 시설로 사용되고 있다. 명일관은 건축계의 거장 프랭크 로이드 라이트^{Frank Lloyd}

소녀들과 그들을 위한 의자

Wright(1867~1959)가 1915년 도쿄사무실을 개설했을 당시 제자의 소개로 설계한 자유학원의 학교 건물이다. 여학생을 위한 이 학교는 당시 민주주의적 개혁을 요구하며 진행된 다이쇼 데모크라시가 한창이던 시대 분위기를 반영해 기독교 정신에 근거한 새로운 교육을 실현한다는 취지로 설립되었다. 프랭크 로이드 라이트는 학교 설립 취지인 자유로운 정신(free spirit)에 근거해 '자라나는 소녀들을 위한 행복한 장소'로 이 아름다운 공간을 구상했다고 한다.

그는 생전에 우키요에를 수집하면서 관련 서적도 출판하는 등 일본 예술품 딜러로도 활동했었다. 라이트가 남긴 일본에서의 건축물은 현재 일본의 대표적 근대 문화유산으로 남아 있다. 당시 개인적으로 겪은 비극적 사건을 뒤로하고 일본으로 건너와 체류하는 동안 라이트는 제국호텔 외 총 열두 개 프로젝트를 설계했고, 그중 여섯 채의 건물이 실제 지어졌는데 현재 도쿄에서 견학할 수 있는 건축물은 자유학원 명일관이 유일하다.

때로 콘서트장처럼

자유학원은 건축가의 일대기와 작품을 상세하게 다룬 사진과 자료를 상시적으로 전시하고 북카페를 운영하고 있다. 더불어 각 분야의 문화, 예술, 교양과 관련된 교육강연과 음악콘서트 등을 제공하여 커뮤니티의 장으로서도 시민에게 사랑받고 있다. 기억도 건물도 과거의 영광 속에 박제되는 것이 아니라 현재의 사회적 요구를 섬세하게 분석해 가꾸어나가면 어제에 그치지 않고 오늘도 의미 있게 지속된다. 사람들이 찾아오는 살아 있는 기억공간으로 '지금, 여기'에서도 빛나게 되는 것이다. 인근에 크고 아름다운 느티나무에 둘러싸인 공원, 아담한 갤러리들 그리고 한국에 관심이 많은 지적인 분위기의 여주인이 있는 서점갤러리 포포탐ポポタム도 모여 있어서 더욱 정겨운 곳이다.

지금 여기서, 빛난다

150년간의 근현대 세계문화와 명소 속으로, 우표박물관

지리적으로 도쿄 핵심 지역을 오가는 JR 야마노테센山手線은 우리의 지하철 2호선과 유사하게 순환구조다. 그리고 이 야마노테센 노선 가운데 교통량이 가장 적으면서 역사적으로 오래된 곳이 메지로역이다. 그 한산한 역에서 나가면 에도시대부터 이어진 오래된 동네의 고즈넉한 모습이 평화롭게 펼쳐진다. 2년간 자전거를 타고 다녔던 내 생활의 근거지였다.

근대풍 스테인드글라스 창문도 예뻤던 그 한적한 역사驛舍 근처에 우표의 문화적·역사적·예술적 측면에 주목하며 전 세계 우표를 수집해 만든 사립박물관이 있다. 우표 전문 기억기관인 도쿄 우표박물관은 세계적으로 저명한 우표수집가, 미즈하라 메이소水原明窓(1924~1993)가 사재를 털어 1988년 세운 재단법인 필라테리 센터가 운영하고 있다.

이곳은 세계 최초 우표(1840년) 등 희귀 소장품과 함께 1960년 이후 펴낸 전 세계 우표 중 약 75%, 약 35만 종류를 소장하고 있다. 우표에 관한 역사와 가치를 발굴하고 다양한 자료를 수집·보존해 연구 조사함과 동시에, 정기적으로 발굴한 주제에 따라 세계 우표를 입체적으로 전시한다.

늦은 오후의 메지로역

1층 전시공간에는 여행, 동식물, 꽃과 과일 등 친숙한 주제를 마련해 연 4회 기획전을 열고 있다. 세계 최초 우표인 빅토리아여왕의 초상이 담긴 1페니짜리 흑색 우표 '페니 블랙Penny Black(1840년)'과 일본 최초 우표인 '공룡우표(1871년)'가 전시되어 있다.

박물관 2층은 창립자의 서재를 복원한 공간으로 우표 관련 서적과 목록 약 1만 3,000점, 잡지와 경매지 약 2,000종을 소장한 아담한 전문 도서실이 마련되어 있다. 3층에서는 여름방학, 크리스마스 등의 기간에 우표 아트 워크숍이나 특별전을 개최한다.

2022년 여름에는 '절경일까, 절경일까絶景かな、絶景かな'라는 주제로 세계 우표에 그려진 세계유산 절경과 국내외 관광명소를 세계지도와 함께 소개했다. 코로나로 해외여행을 가기 어려운 시기에 기획한 시의성 있는 전시였다. 특별히 아시아의 비경 중 한국과 북한의 풍광을 담은 우표 시리즈도 전시되었다.

우표의 문화적·예술적 가치를 찾고자 하는 전 세계 우표 마니아들이 방문하는 이 박물관 2층의 넓은 창문으로는 가쿠슈인學習院이 보인다. 이 대학은 옛 궁내성 부속 국립학교로 본래는 황족과 화족을 위한 교육기관이었으나 2차 세계대전 이후 민영화되어 신분과 관계없이 입학이 가능해졌다. 메지로역이 인상적으로 기억되는 건 등교길에 만난 가쿠슈인 학생들의 싱그러운 모습 때문이었는지도 모르겠다.

메지로역에서 나가는 여행자

키타구 중앙도서관 北区立中央図書館
근대 건축의 기억은 이렇게

도쿄 키타구 중앙도서관은 근대시대의 상징인 붉은 벽돌을 기초로
지어진 건축물이다. 1919년 당시 과거 일본군의 창고로 사용되었는
데 창의적 리모델링을 거쳐 2008년에 구립 대표 도서관으로 재탄생
했다.

근대 건축기술 등을 알 수 있는 벽면과 구조적인 틀을 유지해 기존
스타일을 살리고, 관내 열람공간은 유니버설 디자인universal design을
도입해 장애 여부, 연령, 성별, 언어 등과 관계없이 모두가 서비스를
편리하게 이용할 수 있도록 설계했다. 특별히 오픈형으로 만들어진

청소년과 도서관의 조합은 언제나 예쁘다

내부 열람공간과 레트로한 벽
돌색의 카페가 공원으로 자연
스럽게 연결된다. 이 열린 공간
은 지역 주민들이 생활하며 자
연스럽게 이용할 수 있어 키타
구의 핵심적 문화공간 역할을
하고 있다. 40만 권의 장서를

반갑다, 『조선기행』

이용 연령층이 다채로운 것도 매력

기본으로 하여 '이용자가 주역인 도서관, 오랫동안 사랑받는 도서
관, 구민이 활동하는 도서관'이라는 세 가지 개념을 바탕으로 운영
한다. 일반 이용자 외에도 비영리단체(NPO)나 자원봉사자 등 지역
커뮤니티가 협동하고 활동할 수 있는 거점 역할도 수행한다.

특별히 2013년에는 세계적으로 저명한 일본학 연구자이자 일본문
학 번역가인 도널드 로렌스 킨Donald Lawrence Keene(1922~2019) 교수의 개
인 문고 코너를 도서관에 신설했다. 그의 탄생 100주년인 2022년에
는 킨 교수의 컬렉션을 소장한 키타구 중앙도서관을 주축으로 일
본 전역의 미술관, 기념관 등 다양한 기억기관이 상호협력하여 그
를 기억하는 전시회나 학술행사를 주관했다. 일본을 진심으로 좋
아했던 서구학자와 그의 연구성과물을 재조명하는 작업을 통해 세
계 속 일본 문화의 가치를 제고하는 모습이 인상적이었다.

가마쿠라 키요카타기념미술관 鏑木清方記念美術館
미인화의 정수를 찾아서

근대시대 일본의 여인을 가장 아름답게 그려냈다는 카부라키 키요카타鏑木清方(1878~1972), 그래서인지 그의 전시는 어느 미술관에서든 많은 관심을 받고 성황리에 진행된다. 도쿄 인근 가마쿠라시에는 미인화의 대가, 키요카타를 기념하는 특별한 장소인 키요카타기념미술관이 있다. 이곳은 다이쇼시대를 대표하는 후기 작가로 현재 우키요에의 마지막 거장으로 평가받는 예술가의 집과 정원에 조성된 아름다운 미술관이다. 키요카타는 근대적 감성을 담아 미인화를 우키요에 형식으로 형상화한 작가로 여전히 다양한 기억기관의 전시 기획주제로 인기가 많다.

예술가의 작업공간

1994년 키요카타의 유족이 그가 말년을 보낸 지역인 가마쿠라에 미술품 및 주요 문서와 함께 토지와 건물 등을 기증해, 1998년 미술관으로 개관했다. 특별히 이 미술관은 문화역사 도시인 가마쿠라 시내 역사 지구에 위치해 있고, 계절마다 주제 컬렉션을 선별해 미술 전시를 하고 있어 다양한 연령층의 관람객이 연중 찾아온다. 순수하고 우아한 여성을 소재로 하거나 서민의 생활을 주제로 한 일본화와 소설의 책 표지화, 삽화 등 그의 수많은 작품을 기반으로 정기적으로 화사한 전시회를 개최하고 있다.

2022년 봄에는 봄의 이미지와 관련된 미인화를 주제로 기획전을 개최했는데, 특별히 그해 전반기에 는 덴노가 사는 고쿄 근처 도쿄 국립근대미술관에서 작고 50주년 기념 기요카타전을 개최하였다. 일본 우키요에 장르에 있어 근대시대까지 역사를 이어온 화가로, 현재도 작품전과 관련 강연이나 워크숍이 열린다. 역사문화적 콘텐츠가 풍부하고 바다를 품은 자연이 아름다워 많은 관광객이 찾는 가마쿠라시의 숨겨진 보석 같은 기억기관이다.

작고 50주년 기념 키요카타전, 도쿄국립근대미술관

가마쿠라문학관 鎌倉文學館
문학작품의 배경이 된 문학적 장소

일본 가나가와현 남동부 해안에 위치한 가마쿠라. 이곳은 과거 가마쿠라 막부시대에 중세 일본의 실질적인 정치 중심지였다. 19세기 말 도쿄의 교통이 편리해지면서 더 나은 창작환경을 찾아 문학가들이 이곳으로 이전하면서 오랜 역사도시에 '문학도시'의 이미지가 더해졌다.

유서 깊은 이 지역의 저택과 정원에 지역과 인연이 깊은 문학을 주제로 근대문학가들의 작품과 자료를 수집, 보존, 전시하는 장소가 가마쿠라문학관이다. 이 문학관은 지역에 연고가 있던 문학가들의 친필 원고, 편지, 애장품 등 다양한 자료를 바탕으로 근대문학에 대한 일반인의 이해를 높이기 위해 1985년에 설립되었다.

근대문학의 특성상 문학가의 유족, 관계자, 수집가의 기증을 통해 컬렉션을 확장하고 있다. 전국의 문학관과 연계하여 약 120만 점에 달하는 자료를 데이터베이스화하여 웹상에 공개하고 있는 가나가와 근대문학관과 연계하여 일본 근대문학 조사와 연구를 확장해나가고 있다. 희소가치를 지닌 기록과 소장자료를 활용한 큐레이션으

작품 안으로 들어가는 듯한 터널

로 전시회를 열고, 연관된 강연회와 낭독회 등도 정기적으로 실시한다. 2022년에는 상설전 이외에 '가마쿠라시대의 새벽: 문학으로 읽는 새로운 시작^{鎌倉時代黎明: 文学で読むはじめてはじまり}'이라는 주제로 고전부터 근현대 작품을 특별전시하였다.

이 문학관은 미시마 유키오^{三島由紀夫}(1925~1970)의 탐미주의 소설『봄의 눈』에 등장하는 별장의 모델로 알려져 있다. 원래 이 건물은 그 옛날 마에다 후작 가문의 가마쿠라 별장이었다고 한다. 메이지 23년(1890) 제15대 당주가 일본식 건축관을 지으면서 시작되었고, 메이지 43년(1910) 화재로 소실되어 이후에 서양식으로 재건되었다. 1936년인 쇼와 11년 제16대 당주가 건물을 전면 개축하면서 현재 저택의 모습이 완성되었다. 서양식 건물 내부는 당시 유행한 아르데코의 양식을 따르고 있지만, 곳곳에 일본식 양식이 도입되어 근대건축물로도 가치 있게 평가된다.

제2차 세계대전 후에는 덴마크 공사와 사토 에이사쿠佐藤榮作(1901~1975) 총리가 별장으로 빌려 사용하기도 했다. 1983년 제17대 당주가 별장 건물을 가마쿠라시에 기증하여 오늘의 문학관으로 개관하고 일반에 개방되었다. 현재 가마쿠라시 경관 중요 건축물로도 지정되어 있고, 문학관으로 향하는 인상적인 터널과 관내 장미정원도 시민들의 사랑과 관심을 받고 있다.

정원장미와 함께 담으면 더 문학적이다

도쿄 밖에서 만나는 고아한 모던

나고야·고베·히메지·니카타현

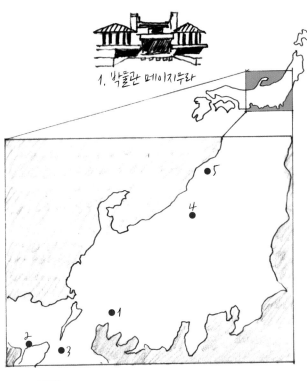

1. 박물관 메이지무라

2. 스테이크랜드
   고베관

4. 가와바타
   야스나리자료관,
   다카한

3. 히메지

5. 북방문화박물관

3. 하마모토 커피점

박물관 메이지무라

博物館明治村

Museum Meiji-Mura

1 Uchiyama, Inuyama-shi, Aichi 484-0000, Japan

http://www.meijimura.com

스테이크랜드 고베관

ステーキランド 神戸館

Steakland Kobe-kan

1 Chome-9-17 Kitanagasadori, Chuo Ward, Kobe, Hyogo
650-1112, Japan

https://steakland-kobe.jp

하마모토 커피점

はまもとコーヒー

Hamamoto Coffee

350 Ekimaecho, Himeji, Hyogo 670-0927, Japan

https://www.hamamoto-coffee.com

가와바타 야스나리자료관, 다카한

雪国の宿 高半

Takahan

923 Yuzawa, Minamiuonuma District, Niigata 949-6101, Japan

http://www.takahan.co.jp

---

❺

북방문화박물관

北方文化博物館

Northern Culture Museum

2 Chome-15-25 Soumi, Konan Ward, Niigata, 950-0205, Japan

http://hoppou-bunka.com

박물관 메이지무라 博物館明治村
근대 건축유산을 보존하라

근대건축의 거장, 프랭크 로이드 라이트의 대표작인 일본 제국호텔 로비가 이축되어 있는 곳, 박물관 메이지무라. 이곳은 메이지시대를 대표하는 다양한 유형이 근대건축물이 다섯 개 구역으로 나뉘어 하나의 거대한 마을로 조성된 일종의 건축박물관이다. '맥락이 저마다 다른데 동일한 시대로만 묶인 이 인위적인 거대 공간이 도대체 무슨 의미란 말인가'라는 생각도 들었지만, 라이트의 제국호텔을 볼 수 있다는 것만으로도 가치는 충분했다. 남편과 함께 직접 가서 눈으로 확인하고 싶었다. 그래서 이곳을 나고야에서의 마지막 행선지로 남겨놓았다. 부지가 넓으니 우선은 우리가 생각하는 제일 중요한 것부터 살펴보기로 했다. 그래야 지치지 않고 기대한 것 이상을 발견할 수 있을 듯했다. 제국호텔은 거대한 메이지무라의 북쪽 맨끝 5초메5丁目에 있었다.

'제국의 도시, 도쿄에 국제적인 호텔이 하나도 없다는 것은 나라 망신이다'라는 이유에서 시작된 제국호텔, 1910년대 일본은 '제국'의 표준을 만들기 위해 무던히도 애를 썼다. 지금의 글로벌 스탠더드

드디어 왔다, 이곳을

처럼 '제국'의 기준에 부합하는 제도나 건축물을 만들어 근대국가
로 나아가기 위해 고군분투했다. 그렇게 시작한 이 '제국'호텔의 설
계는 당시 세계적으로 유명하면서도 일본 문화에 조예가 깊었던 프
랭크 로이드 라이트가 맡았다. 이후 이 건축가는 정말 당시에 제안
할 수 있는 최고의 걸작을 만들어냈고, 제국호텔은 건물뿐 아니라
조명, 가구, 스테인드글라스, 조경을 비롯해 모든 디테일이 그의 구
상과 디자인으로 완성되었다.

1910년대 아쿠타가와 류노스케의 단편소설 「다네코의 우울」에서는
남편의 선배 딸 결혼식 피로연을 제국호텔에서 한다는 통지를 받고

신경증이 늘어나는 여주인공이 나온다. 그녀는 난생처음 간 제국호텔의 좁은 계단을 오르며 응회석이니 벽돌을 사용한 호텔 내부장식이 어쩐지 으스스하다고 느낀다.[29] 피로연 전 미리 레스토랑에 와서 남편에게 양식 먹는 법을 배우며 그 호텔에 왠지 벽을 따라 달리고 있는 커다란 쥐 한 마리가 있는 듯한 공포감도 느낀다. 이 소설에서는 급변하는 사회 속에서 서구적 예법을 따라야 하는 근대 일본인의 강박관념이 제국호텔을 배경으로 다소 해학적으로 묘사되었다.

제국호텔 내부 공간

라이트식 창문 디자인

제국호텔의 규모가 느껴지는 로비 2층 카페에서 남편과 차를 마시며 전설적인 호텔 건립 에피소드를 상상해본다. 호텔 안에서 펼쳐졌을 화려한 사교의 순간과 1923년 대지진에도 살아남았던 영광의 시기, 2차 세계대전 후 미군정의 집무실이었던 시점과 이후 쇠락과 해체의 순간, 세기를 함께 살아온 역사적 건물의 생애주기를 떠올린다. 도쿄의 대표적 랜드마크 중 하나였던 이 제국호텔이 결국 해체를 맞이해 과거 역사 속으로 들어갈 시점에, 어떻게 이처럼 흔적이 극적으로 남아 2022년 이 시점에서 우리를 만나게 된 걸까?

제국호텔 근처 건물을 둘러보며 멋지게 붙어 있는 메이지무라 전시 포스터를 무심히 살펴보던 중에 그 궁금증의 실마리가 풀렸다. 해체와 함께 도쿄에 완전히 새로운 제국호텔이 건립될 시점, 원래의 제국호텔을 어떻게든 보존하고자 한 건축가의 제안*과 그 아이디어를 귀하게 품은 나고야 철도회사인 메이테쓰名鉄의 경영자가 합심해 이 거대한 메이지무라를 조성한 것이다. 1965년에 이 건축박물관이 개관할 때 아이디어를 제안한 건축가 다니구치 요시로는 메이지

---

*

쇼와시대 일본의 대표 건축가인 다니구치 요시로는 메이지시대 건축 대표작인 로쿠메이칸(鹿鳴館)이 해체되는 모습을 JR야마노테센 안에서 보고 유감스럽게 생각했고, 그것이 이후 박물관 메이지무라의 구상으로 이어졌다고 한다. 당시 나고야 철도회사인 메이테쓰의 사장 쓰치카와 모토오(土川元夫, 1903~1974)와 의견이 맞아 메이지무라 개관을 위해서 노력했다. 참고로 다니구치와 쓰치카와는 이시카와현 가나자와 고등학교의 동급생으로 친구였다고 한다.

무라 초기 관장이 되었다. 그의 노력으로 라이트의 제국호텔은 현관과 로비 공간이 이축되어 보존되었고, 지금의 우리는 자료가 아닌 실물로서 이 건축물을 경험할 수 있게 되었다. 제국호텔 외에도 사라져가고 있던 근대건축물이 이렇게 하나씩 이곳으로 이전되었다. 건립보다 이축한 시간이 더 길었다는 근대 제국호텔 보존 스토리, 인간의 위대한 흔적과 문화유산은 이렇게 특별한 이야기를 담고 전승되고 기억된다.

고베에서는
근대식 스테이크를

일본 근대의 기억을 많이 간직하고 있는 고베. 그 지역의 와규和牛 스테이크는 고베 여행에서 반드시 체험을 권하는 항목이기도 하다.

19세기 말 메이지유신 때부터 육식을 정부가 권했다고 하니, 당시 물산이 활발하게 오갔을 근대 일본의 개항장인 고베에 고기 요리가 정착한 건 당연한 일인지도 모르겠다. 그리하여 우리 부부도 고베 야마노테 언덕 위 근대건축물관람 패스를 구매하고 그 동네 멋쟁이로 보이는 중년의 여성에게 적당한 식당을 물어보니, 구글 지도로 직접 찾아주며 "여기를 가보세요. 체인점 없이 이곳에만 있는 고베 와규스테이크집인데 가격은 좀 비싸지만 정말 맛있어요!"라고 친절하게 알려주었다. 그 말에 오전 건축물 투어를 마치고 오랜만에 제대로 먹어봐야겠다는 생각을 하고 식당을 찾아갔다.

미리 예약하고 기대에 차서 찾아간 그곳은 신고베역 근처 호텔 건물의 좀 바랜 듯한 복합공간에 있는, 사람이 적고 정말 비싼 식당이었다. 아무래도 이 식당의 기운은 우리의 여행 에너지를 채우는 데 그다지 도움이 되지 않을 듯했다. 과감히 예약을 취소하고 평점이 좋은 좀 더 대중적인 식당을 가기로 했다. 그래서

상가 아케이드 속 스테이크집

레시피에 따라 천천히

선택한 곳이 고베역 근처의 체인점인 스테이크랜드, 이 식당을 찾아가는 길에서 마주친 역동적 시장 분위기와 활기찬 사람들의 무리가 우리를 벌써 고양시켰다.

2시가 넘어 찾아간 식당에는 혼자 온 여성, 오후 낮술과 함께 식사하는 아저씨들, 다정하게 식사하는 엄마와 아들 등 오후의 정겨운 동네 풍경이 있었다. 요리 과정을 볼 수 있는 카운터 좌석에 우선 앉았다. 셰프가 편마늘을 버터와 기름으로 볶는 것부터 시작한다. 고기를 굽고

청경채와 숙주도 볶는다, 그리고 화이트와인과 소금, 후추로 스테이크 요리를 마무리했다. 젊은 셰프의 선한 눈매와 미소도 맘에 들었다. 대중적이면서도 레시피의 내공이 느껴지는 고베의 음식점이었다, 하우스와인과 함께한 와규 스테이크로 행복한 늦은 점심을 하며 여독을 풀었다. 나중에 다시 이 도시에 온다면 인근에 짐을 풀고 저녁에 슬리퍼를 신고 나와, 시장가에서 일단 스테이크와 함께 와인을 시켜 천천히 저녁을 즐기고 싶다.

II. 문화와 건축으로 만나는 모던 도쿄   135

레트로 근대 감성의
커피숍으로

히메지성姬路城이 참으로 아름답다는 이야기를 듣고 신칸센을 타고 원래 가려던 고베를 지나 덜컥 히메지라는 낯선 역에 내리고 말았다. 여행도 인생처럼 이렇게 예측불허다. 근데 이 이름도 예쁜 도시, 은근히 매력적이다. 직선으로 강력하게 연결된 히메지 역사에서 히메지성까지의 큰길, 걷다 보니 옆길 상점가도 잘 조성되어 있었다.

나도 모르게 잘 닦인 큰길에서 어느새 옆길로 새어버렸다. 계획하지 않은 낯선 도시의 골목길에서 오전 산책을 하다 보니 갑자기 모닝커피를 마시고 싶어졌다. 그러다가 발견한 첫 번째 레트로 카페. 이곳은 그야말로 흡연자를 위한 독한 커피숍, 진한 커피를 마시고 싶었지만 '흠, 그건 좀 안 되지' 싶어 마음을 접었다. 두 번째로 발견한 카페는 커피를 사랑하는 현지인의, 말하자면 생활

다방이었다. '아, 그래? 이곳에서 동네 사람처럼 잠깐 쉬어가 볼까!' 문을 열고 안으로 들어가니 오전에 혼자 신문을 보며 커피를 맛나게 마시고 나가는 중년 여성, 수첩에 뭔가를 꼼꼼히 적는 심각한 표정의 청년, 별일 없이 한가하게 차 한잔하는 노부부. 커피잔은 아주 전통적인 방식으로 데워지고, 끓는 물이 마구 수증기를 뿜으며 실내공간을 데우고 있었다. 경력 30~40년은 되어 보이는 진지한 자세의 바리스타 아저씨들….

일본의 도시, 어느 곳에 가든 조그만 규모의 레트로 분위기 카페를 발견할 수 있다. 일본에서 커피는 에도시대에 유일한 자유무역지인 나가사키 데지마出島의 네덜란드인들을 통해 소개되었다. 당시는 극히 일부 일본인만 외국인을 통해 커피라는 음료의 존재를 알았다고 한다.[30] 에도시대 말기에 들어온 이 이국적인 음료, 커피가 일반인에게 보급되기 시작한 것은 메이지시대 이후 문명개화 열기 속에서 하나씩 문을 연 도시의 커피숍 덕분이었다.

레트로 감성으로 커피 한잔

시간을 들여 천천히 커피 내리기

커피 이외에도 이른바 서양식품, 즉 우유, 버터, 치즈, 빵, 아이스크림, 맥주, 레모네이드 등도 근세에서 근대로 바뀌는 시점에 소개되었고, 당시에는 새롭게 생겨나는 육식 문화와 유제품 수요를 예측하여 낙농산업도 국가적으로 장려되었다고 한다. 참고로 디저트류인 초콜릿은 메이지 초기에 일본에서 제조되고 판매되었는데 카카오 열매로 생산한 것은 다이쇼시대에 들어와서라 한다.[31] 급격하게 들어온 외국의 기호식품과 먹거리가 사람들의 생활문화를 얼마나 바꾸었을까? 식생활의 변화는 사람들의 일상과 함께 도시풍경도 바꾸어놓는다. 20년대 말 30년대 초 당시 서울인 경성에서도 상업문화가 일어나면서 카페, 모던보이, 백화점 등이 생겨나고 있었다. 소설가 이상도 폐결핵으로 요양을 하다가 경성으로 돌아온 후 '제비'라는

이름의 카페를 개업한 이력이 있다. 당시 지식인이나 일본 유학에서 돌아온 후 이렇다 할 직장을 잡지 못하고 떠돌던 젊은이들이 이런 카페에 모여 시간을 보냈을 것만 같다. 오랜 역사를 자랑하는 우아한 히메지성을 향해 가다가 슬그머니 힙한 분위기의 안쪽 거리로 빠져들어가 오래전 그때의 도시와 사람들의 일상을 상상한다. 100년 전과 비교해도 그리 크게 달라지지 않았을 듯한 뒷골목 풍경, 오래된 다방에서 커피를 즐기며 시간을 보내는 사람들을 보다가 근대시대의 흔적을 간직한 이 낯선 도시가 갑자기 친근하게 느껴졌다. 근세에서 근대로 이어지는 생활 속 맛과 취향의 역사. 여행의 의외성은 계획하지 않았던 만남과 생각의 발견에서 극대화된다. 여행길의 짧은 조우였지만 오래도록 그 향기가 기억될 듯하다.

가와바타 야스나리자료관 雪国の宿 高半

터널 너머 다른 세상『설국』을 찾아서

国境の長いトンネルを抜けると雪国であった。
夜の底が白くなった。
국경의 긴 터널을 빠져나오자 설국이었다.
밤의 밑바닥이 하얘졌다.

가장 아름다운 소설 첫 문장으로 손꼽히는 구절, 눈이 많은 니가타
현을 세계적으로 알린 작품이 바로『설국』이다. 간결하고 아름다운
문체로 내면에서 배어 나오는 고독과 허무감 등 일본적 정서를 잘
담아낸 수작을 통해 가와바타 야스나리川端康成(1899~1972)는 1968년
일본 최초의 노벨문학상 수상자가 되었다. 특별히『설국』의 첫 두
문장은 세계 문학사적으로도 칭송받는 소설의 도입부라 외우고 다
닌 문학청년도 많았을 것이다.
작가의 대표작『설국』의 주된 배경이 바로 나가타현에서 800여 년
의 역사를 지닌 온천여관, 다카한高半 료칸이다. 야스나리는 이곳에
3년간 묵으면서 작품을 집필하여 이를 1937년 출간하였다. 료칸은

일본의 전통적인 숙박시설로 일반적으로 다다미방으로 구성되어 있다. 문학작품을 통해 그 명성을 얻었던 료칸 건물 안에 가와바타 야스나리 기념자료관이 있다. 소설 속의 무대로 등장하여 역사성이 높은 장소로 각인되었고, 이로 인해 다카한 료칸 내 특별한 장소가 만들어졌다.

료칸 2층에는 자유롭게 문학서적을 열람할 수 있는 작은 도서관과 『설국』 집필 당시를 재현한 다다미방, 그가 남긴 작품과 원고자료, 전 세계 번역본이 수집되어 전시되고 있는 아카이브관이 있다. 30년 대 이 소설은 이후 다양하게 재창조되어 계승되었는데, 그중 50년대 초반 영화로 만들어진 작품과 관련 흑백사진 자료 등도 같이 전시 되어 있어 눈길을 끈다. 겨울의 엄청난 눈에 대한 집단적 기억과 소 박했던 쇼와시대 일상을 잘 재현한 전시관이라 할 수 있겠다. 아직

밤새도록 내리는 눈

료칸 안 조그만 도서관

도 매년 폭설로 유명한 지역의 다카한 료칸은 눈 내리는 겨울밤에
영화 〈설국〉을 눈 내리는 풍경이 보이는 1층 라운지에서 상영한다.
내가 다카한에 묵었던 밤에도 영화에서처럼 밤새도록 엄청난 폭설
이 내렸다.

참고로 가와바타 야스나리는 전설의 무희 최승희(1911~1967)가 일본
에서 무용가로 활동하던 시절, 그녀의 작품세계에 감명받아 개인적
으로 후원을 한 인연이 있다. 야스나리는 '조선의 무희 최승희(1934)'
라는 글에서 그녀의 공연에서 받은 감흥을 적고 "일본의 서양무용
가에게 민족 전통의 강력함을 가르쳐주기를 바란다"라며 당시 정치
적 현실에서는 가히 혁명적이라고 할 만한 당부를 최승희에게 남겼
다 한다.[32] 눈의 고장, 설국의 창작 공간에서 세계적 작가 야스나리
의 또 다른 면모와 그 시대 치열하게 활동했던 조선 예술가의 삶을
발견한다.

북방문화박물관 北方文化博物館
등나무가 아름다운 부농의 집

니가타현 대지주였던 이토伊藤 가문의 대저택은 미군정시절인 1949년 위기 상황에서 극적으로 박물관으로 거듭났다. 그 과정에는 집안의 7대손 이토 후미요시와 미군 랄프 라이트 중위의 국적을 뛰어넘는 특별한 만남의 스토리가 숨겨져 있다.

종전 후 1945년 저택 내에 구 일본군의 은닉 물자가 있다는 첩보를 받고, 미군 중위 일행이 가택수사를 하러 왔다. 수사를 하며 주인과 대화를 나누는 가운데 중위는 후미요시가 펜실베이니아대학교 선배라는 사실을 알게 된다. 그 후 라이트 중위는 후미요시 집안과의 친교를 통해 이토 가문을 절대적으로 신뢰하고 지지해주었다. 이로써 미 점령군의 농지개혁 계획에 따라 '집단주택'으로 해체될 위기에 처했던 니카타 대저택의 운명은 극적으로 바뀌었다. 우연한 개인적 인연이 향후 니

인연이 만든 박물관

가타 지주의 대저택을 미래 세대를 위한 공적 기억기관으로 전환하게 해준 운명적 만남으로 거듭난 것이다. 당시 문화적 식견이 높았던 중위는 이 저택을 원형 그대로 남겨야 할 주요 문화유산으로 규정하고 이를 맥아더[Douglas MacArthur(1880~1964)] 원수에게 건의했고, 이후 이 부농의 집은 전후 제1호 사립박물관으로 새롭게 조성되었다. 이 박물관은 스웨덴 스톡홀름에 있는 세계에서 가장 오래된 야외박물관인 스칸센[Skansen] 북방민족박물관을 참조하고, 문화평론가 야나기 무네요시 등 지성인들의 의견을 수렴해 '문화'라는 단어를 도입해 1952년에 명칭을 북방문화박물관으로 정했다. 다다미방이 60개가 넘는 니카타현의 전통적인 대저택을 보존해 당시 상류 집안이 사용한 옛 생활 집기와 소장 컬렉션을 상설 전시한다. 더불어 우키요에 등 예술품에 대한 주제를 발굴해서 정기적으로 기획전시를 열어 지역의 문화 소통과 확산의 장으로 자리매김하고 있다.

북방문화박물관의 탄생은 한 사회의 기억기관이 다양한 스토리를 품으며 현재의 의미로 재탄생되어 새롭게 기억될 수 있음을 보여준다. 이후 라이트 중위는 그의 유언에 따라 북방문화박물관의 아름다운 정원 한편에 비석과 함께 영면하였다.

150년 수령의 등나무 꽃

니가타가 사랑하는 장소

Ⅲ

지금
이곳에
살아 있는　모던

이곳과 저곳을 다니고 연결하며 근대를 상상한다. 시절은 달라졌어도 남아 있는 그때의 정취는 지금 이곳의 나를 깨운다. 근대의 흔적은 건축물, 문학작품, 예술품에만 있는 것이 아니다. 무심하게 거니는 길, 친구와 만나는 공원, 우연히 마주친 공동묘지 입구, 낯선 동네의 역 부근 호텔, 즐겨 먹는 디저트와 빵에까지 근대적 자취는 어제에서 출발해 오늘의 현실로 이어진다. 시공간을 넘는 조우의 순간 때로는 아스라하게 때로는 선명하게 그날이 그려진다. 그리고 만남의 장소를 잇고 기억을 매만져 머릿속 지도로 구성하는 작업도 즐겁다. 상상하며 과거를 만나고 그 상상 끝에 지금 우리의 현재와 미래가 보인다.

근대에 현대의 시간을 덧대다

📍

치요다구·주오구·미나토구
신주쿠구·도지마구
도쿄 인근-요코하마

1. 아카사카 프린스클래식하우스

2. 오쿠노빌딩

6. 신주쿠 교엔

4. 긴자 코지코너 본점

5. 아오야마영원

7. 조시가야영원

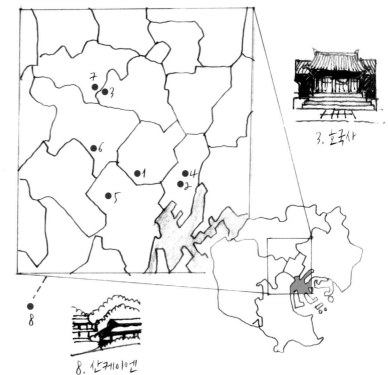
3. 호국사

8. 산케이엔

아카사카 프린스클래식하우스
赤坂プリンス クラシックハウス
(旧李王東京邸)
The Classic House at Akasaka Prince
1-2 Kioicho, Chiyoda City, Tokyo
102-0094, Japan
https://akasakaprince.com

아오야마영원
青山霊園
Aoyama Cemetery
2 Chome-32-2 Minamiaoyama,
Minato City, Tokyo 107-0062, Japan
https://www.tokyo-park.or.jp/reien/park/
index072.html

❷
오쿠노빌딩
奥野ビル(旧銀座アパ旧トメント)
Okuno Building
1 Chome-9-8 Ginza, Chuo City, Tokyo
104-0061, Japan

신주쿠 교엔
新宿御苑
Shinjuku Gyoen National Garden
11 Naitomachi, Shinjuku City, Tokyo
160-0014, Japan
https://www.env.go.jp/garden/
shinjukugyoen/index.html

호국사
護国寺
Gokokuji Temple
5 Chome-40-1 Otsuka, Bunkyo City,
Tokyo 112-0012, Japan
http://www.gokokuji.or.jp

조시가야영원
雑司ケ谷霊園
Zoshigaya Cemetery
4 Chome-25-1 Minamiikebukuro,
Toshima City, Tokyo 171-0022, Japan
https://www.tokyo-park.or.jp/reien/park/
index071.html

❹
긴자 코지코너 본점
コージーコーナー
Ginza cozy corner
1 Chome-8-2 Ginza, Chuo City, Tokyo
104-0061, Japan
https://www.cozycorner.co.jp

❽
산케이엔
三溪園
Sankeien Garden
58-1 Honmokusannotani, Naka Ward,
Yokohama, Kanagawa 231-0824, Japan
http://www.sankeien.or.jp

아카사카 프린스 클래식하우스 赤坂プリンス クラシックハウス
구 영친왕 저택에서 애프터눈티를

도쿄 중심부 황궁과 멀지 않은 곳에 위치한 아카사카 프린스호텔, 이 초현대적 부지 안에는 첫눈에도 시선을 끄는 아주 우아한 고전적 건물이 자리하고 있다. 이 범상치 않은 건축물이 조선 왕가 소유의 개인 저택이었다는 사실을 우연히 한국에서 챙겨 간 도쿄 안내 번역책자를 통해 알게 되었다.[33]

2016년부터 이곳이 애프터눈티 세트를 제공하는 세련된 분위기의 레스토랑으로 활용되고 있다는 소식을 도쿄에 사는 후배에게 전해 듣고 어렵게 예약을 하고 찾아갔다. 식당 주변은 호텔, 레지던스, 녹지 정원과 분수 등이 어우러진 고급 주거단지로 정비되어 있었다. 건축물 앞에 자리잡은 커다란 사슴상과 장미정원이 인상적이었다. 그런데 이곳이 새롭게 정비될 때 설치되었다는 하얀 사슴상이 어쩐지 너무 익숙해 친숙함과 함께 기시감이 들었다. 2023년 귀국 후 어느 송년모임에서 사슴상과 연결된 그 의문점이 풀렸다. 모임 장소였던 안국동 아라리오갤러리에서 조용히 서서 나를 보고 있는 신비하고 아름다운 사슴을 발견했다. 일본 작가 코헤이 나와名和晃平(1975~)

아카사카 프린스 클래식하우스의 사슴과 아라리오갤러리에서 만난 사슴

의 2013년 작품(픽셀-더블 디어 #7)이었다. 반가움과 함께 이전에도 이
일본 작가의 작품을 몇 번인가 어디선가 마주쳤다는 사실을 떠올
렸다.

다시 돌아와, 아름다운 구조의 레스토랑으로 들어가니 나름 인생
사진을 찍으려고 찾아온 젊은 커플이 많았다. 전형적인 인스타그램
핫플이 되어버린 근대건축물.

고종의 아들, 의민태자(영친왕)는 1907년(11세)에 이토 히로부미를 후
견인으로 삼아 도쿄에 유학을 왔다. 한일합방과 3.1운동 이후 영친
왕은 '내선일체'의 일환으로 일본 황족과 정략결혼을 하고, 1930년
부터 황실 관련 업무를 관장하는 궁내청에서 마련해준 이곳 아카
사카의 저택에 살았다. 당시 일본은 영친왕을 창덕궁 이왕이라 불

렀고 1930년에 도쿄 중심지인 치요다구 기오이초에 이왕의 궁을 지어주었다. 영친왕은 바로 이 저택에서 일본패망 소식을 들었으며, 이후 1947년 일본이 신헌법을 실시하면서는 왕족 신분도 박탈되고 생활고와 병고에 시달렸다고 한다.

대한민국의 마지막 황태자 영친왕이 살았다고 하여 '이왕가의 저택'이라 불렸던 건물은 이후 세이부 철도회사가 매입하면서 1955년에 아카사카 프린스 호텔로 개조해 영업을 시작했다. 1983년에는 당시 최고 건축가인 단케 겐조丹下健三(1913~2005)가 설계한 40층짜리 신관이 생기면서 왕가저택은 호텔 별관이 되었다. 2005년에는 이 신관 객실에서 영친왕만큼이나 기구한 삶을 살았던 그의 둘째아들 건축가 이구李玖(1931~2005)가 외롭게 세상을 떠났다. 이후 2011년에 호텔 부지 전체를 전면 재개발하면서 단케가 설계한 신관은 철거되었고, 별관은 도 지정 유형문화재로 이전 복원되었다. 2016년에 주거, 오피스 등이 복합된 프린스 갤러리호텔이 재개장하면서, 이 왕가의 저택은 '클래식하우스'라는 이름으로 레스토랑과 결혼식장으로 활용되고 있다. 장소에 대한 스토리는 유한한 인간의 삶보다 때로 길게 이어져 오늘날의 사람들을 이렇게 무심하게 만난다.

오쿠노빌딩 奥野ビル
긴자의 오래된 기억

도쿄의 화려한 거리, 긴자는 메이지시대부터 문명개화의 상징인 벽돌거리로 건설되어 그 기반을 다져나갔다. 벽돌은 조선소 등을 만들 때 사용되었는데, 메이지 정부는 일본 각지에 벽돌을 사용해 근대적인 건축물을 지었다.[34] 긴자가 벽돌거리로 조성되면서 벽돌은 국가적 건축물 이외에도 다양하게 활용되어 이에 대한 사회적 수요가 크게 늘었다. 1872년에 계획된 긴자 벽돌거리는 관 위주로 개발된 초기에는 임차인도 없는 거리였으나 점차 모던한 분위기의 세련된 상점과 신문사, 레스토랑이 늘어나며 활성화되었다. 메이지 15년에는 철도도 개통되어 '문명개화의 연결 복도'라고 불렸고 당시 "긴자 거리를 한번 보지 않으면 도쿄의 변화를 말할 자격이 없다"라고 할 정도였다.[35] 근대시대 긴자 번화가는 일반 서민으로 하여금 한 번도 가본 적 없는 서양의 대도시에 온 것 같은 착각을 맛보게 하는 이국적 거리로 알려져 새로운 경험과 체험의 장소로 인기가 높았다.

건축잡지에서 우연히 접한 오쿠노빌딩은 그 화려한 역사를 가진 긴자 거리 안쪽에 자리 잡고 있었다. 긴자 권역에 1932년 쇼와시대의

근대 벽돌 건물이 있다는 정보를 책에서 보고 꼭 한번 찾아봐야지 생각했었다. 더군다나 그곳은 역사적 흔적만 남은 곳이 아니라 현재에도 사용되는 살아 있는 건물이었다. 당시 일본 민간 주거 빌딩으로 지어져, 최초로 엘리베이터를 갖출 정도로 긴자에서도 굴지의 고급 아파트였다고 한다. 옛 모습을 되도록 그대로 두려는 의도였을까. 출입문을 들어서면 바로 보이는 실내 장식과 바닥의 미세한 모

자이크 타일 덕에 30년대 그 어느 시점으로 빨려들어 미로를 헤매는 듯한 느낌이 든다. 100년 전 고급맨션과 모던했던 사람들은 어디 가고, 이제 누에고치 집 같은 아담한 공간에 모자가게, 가죽공방, 오픈갤러리, 앤티크숍, 그릇 가게 등이 각자의 색깔을 드러내며 손님을 맞이하고 있었다.

사람이 찾아와야 장소는 살아난다

공공 차원에서 예술가 그룹이
나 창작 문화집단을 지원하는
것일까? 수익이 나올 만한 마
켓의 풍경은 아닌데 말이다. 조
그만 공간에서 저마다 주인과
작가, 생산자와 소비자가 어울
려 상호작용하는 풍경이 남다
르다. 환대하는 분위기, 각자
의 세계에 몰두하는 분위기를
화려한 동네 긴자에서 보니 신
선했다. 그중 아틀리에형 갤러
리 전시작품이 마음에 들어 말
을 건 큐레이터와 도쿄 풍경을
담은 내 인스타그램 계정을 공
유한다. 예술을 사랑하는 자,

복도 난간에 무심히 놓인 오브제

언젠가 예술가가 되고 싶어 하는 자. 그렇다면 우리는 지금 만난 인
연만으로도 충분히 친구가 될 수 있다. 모든 것은 이렇게 미세한 연
결로 시작된다. 긴자의 이 오랜 꿈같은 공간들이 아무쪼록 오래가
기를.

호국사 산책길에서 만난 창업자 부부의 성취,
긴자 코지코너

도쿄는 디저트 천국으로 불릴 만큼 유명한 디저트 맛집이 많다. 덕분에 나도 단맛에 대해 새로운 발견을 많이 했지만, 사실 나는 성의 있게 맛집을 찾아다니는 타입은 아니다. 긴자의 오래된 디저트 가게인 코지코너^{cozy corner}를 알게 된 것은 5월 고코쿠지護国寺를 산책하면서였다.
토요일 늦은 오후 오래된 큰 절을 산책하다 보면 사색하며 여유를 즐기기 위해 혼자서 절을 찾은 사람들을 흔히 볼 수 있다. 본당을 둘러보고 주변 산책길을 천천히 따라가 보니, 뒤편에 묘지가 끝없이 장대하게 펼쳐져 있었다. 각자의 삶만큼이나 다양한 묘지석 사이를 걸어가다 보니 그중 유난히 눈에 띄는 것이 있었다. 부부의 모습을 담은 합장묘였다. 이 부부는 살아생전 부부애가 정말 남달랐나 보다. 밑에 새겨진 묘비명도 흥미를 끌었다.

어여쁜 오후의 빛

부부는 닮아간다

"긴자? 코지코너? 아…. 사업가 부부였구나."

검색해보니 긴자 코지코너는 역사가 오래된 빵집이자 디저트 가게였다. 이렇게 우연히 이름을 접하고 나니, 지하철역의 간이 빵집 등에서도 그 로고를 자주 볼 수 있었다. 조만간 긴자에 가면 꼭 코지코너 본점에 가보겠다고 마음먹었다.

본점은 마루노우치를 지나 긴자로 가는 길 초입에 자랑스럽게 단단한 모습으로 자리 잡고 있었다. 긴자 1초메의 시작점이라는 그 지리적 위치가 과거 그곳의 영화榮華를 보여주는 듯했다.

정겨운 상호 폰트

간단한 이탈리아 가정식 요리와 디저트류를 레트로풍으로 선보이고 있었는데, 우리는 옛날 방식의 파르페와 딸기 케이크로 모처럼 예스럽게 애프터눈 티타임을 가졌다. 늦은 오후의 허기를 달래며 근대기 그 부부의 역동적인 삶을 상상해본다. 부부가 사업을 시작한 시기와 그들의 황금기 그리고 인생의 위기를 넘어서 노년과 죽음, 이제 만나는 영면의 안식을.

아오야마영원 青山霊園
새해 첫날 만난 김옥균의 흔적

2022년 마지막 주, 연말의 흥청거리는 분위기를 뒤로하고 다시 도쿄는 조용하게 연초를 맞이했다. 오랜만에 도쿄로 놀러 온 후배 가족과 점심을 함께하기 위해 조금 일찍 집을 나섰다. 새해 첫날, 차분하고 멋진 동네를 걷는 한적함이 좋았다. 아오야마영원을 거쳐 천천히 식사 장소로 이동하기로 했다. 도쿄 곳곳에서 마주치는 오래된 공동묘지는 묘하게 끌리는 맛이 있다.

1877년(메이지 10년), 쓰키지 거류지 등에 있던 외국인 전용묘지를 아오야마영원에 설치하기로 결정한 후 첫 매장은 1880년경에 이뤄졌다. 이후 이곳은 에도막부 말기부터 메이지 시기에 걸쳐 교육이나 의학 등 다양한 분야의 기초를 만들어 일본 근대화에 공헌한 사람들의 마지막 안식처가 되었다.

넓은 영원의 산책길 중간을 무심히 걷다가 외인 묘지 구역을 지나는데 호기심에 설명글과 지도를 보다가, 눈이 멈춰졌다. '김. 옥. 균.' 내가 아는 갑신정변의 그 사람? 급하게 인터넷 검색을 해보니 그의 무덤은 충청도에 있다고…. 그럼 이건 뭐지? 확인을 위해 이정표를 찾아 헤맸다. 한참을 이리저리 다니며 마침내 찾아간 그곳에는 정말 우리가 생각한 그 격동의 시대 김옥균의 묘지석이 있었다.

박영효가 썼다는 비문과 묘석의 크기를 통해 갑신정변 후 일본에서 10여 년간 지내면서도 남다른 존재감으로 일본인들에게 영향을 줬다는 그의 위상을 느낄 수 있었다. 메이지 정부로서도 그가 편치 않은 존재였는지 일본은 김옥균을 태평양의 외딴섬 오가사와라로 쫓아냈다가 홋카이도로 유배를 보낸 후 5년 뒤에야 도쿄로 돌아오게 했다.[36] 시대의 풍운아 김옥균. 그의 죽음과 그 이후의 일에 얽힌 수많은 비사가 2023년을 맞는 새해 첫날부터 역사적·문학적 상상력을 불러 모은다.

연초 가족 단위로 이곳을 찾아와 이제는 곁에 없는 가족의 묘지석을 조용히 물로 청소하고 향을 피우는 모습도 왠지 숙연하다. 우연히 만난 근대시대 큰 인물의 묘지석 앞에서 지금 우리가 할 수 있는 일은 그 오래된 비석을 닦으며 조용히 큰절을 올리는 것밖에 없었다. 근대시대 인물들의 자취를 느낄 수 있는 아오야마영원의 한국인 묘지석에 대한 국가적 관심과 섬세한 관리가 필요할 듯하다.

야오야마영원 산책길

유난히 큰 김옥균의 묘비

신주쿠 교엔 新宿御苑
근대와 현대, 쌓여가는 기억의 층위

2021년 가을 신주쿠 교엔을 처음으로 방문했다. 일본식 정원, 영국식 정원 등에 온실 식물원과 몇 가지 눈에 띄는 역사적 흔적까지…. 이곳은 단순한 정원이 아니었다. 신카이 마코토 감독^{新海誠}(1973~)의 2013년 애니메이션 〈언어의 정원〉에서 구두 장인을 꿈꾸는 주인공은 비가 오는 날이면 오전 수업을 빼먹고 이곳의 일본 정원에 와서 구두를 스케치한다. 빗속에 반짝이는 고요한 정원, 그 그림 같은 장소는 낭만적 도피처 이상이었다. 복잡한 신주쿠역을 뚫고 나아가면 갑자기 나타나는 보석 같은 장소, 가도 가도 새로운 매력을 발견할 수 있는 곳이다. 1일 입장권 500엔, 1년 패스권 2,000엔. 2022년 우리는 결국 연간 패스권을 만들고 한적한 시간에 자주 이곳에 왔다.

예전 황실의 9홀 골프장을 공원으로 재설계했다는 대사관 직원의 말처럼, 공원 부지에는 정말 드넓게 펼쳐진 녹

색 필드가 있었다. 커다랗게 열린 하늘 아래서 맨발로 이 공간을 걷는 맛은 남다르다. 교엔 구석구석, 각자의 생각에 집중하고 바로 이 순간의 빛과 바람의 흐름을 즐기는 사람들이 군데군데 눈에 띈다. 교엔 안쪽에는 대규모 온실도 있다. 근대 메이지시대에 온실은 원예 발전을 위해 도입되었지만 막대한 건설 비용과 일본에서는 재배할 수 없는 진기한 식물을 감상할 수 있다는 이유로 당시에는 상류 사회의 신분 지표로 여겨지기도 했다고 한다. 유리를 씌운 본격적인 온실은 1870년 도쿄 아오야마의 개간지 내에 만들어진 것이 일본 최초라 한다.[37] 지금의 온실은 호사로운 감상의 영역이라기보다 화훼 품종개량이나 원예 발전을 도모하는 동시에 시민을 위한 휴식과 만남의 장소로 자리 잡고 있다.

교엔의 폐관 시간은 계절에 따라 달라지는데 여름철에 가장 늦게까지 문을 열어둔다. 5시 30분을 넘어가니 한여름 이른 저녁에만 느낄 수 있는 기분 좋은 훈풍이 몰려든다. 이 순간은 설레는 여름밤으로 가는 마법의 찰나. 아, 오늘은 7월 7일이구나. 늦은 밤 고개를 들어 유난히 반짝이는 별로 가득 찰 밤하늘을 바라봐야겠다.

각자의 방식으로 즐기는 고엔

조시가야영원 雜司ケ谷霊園
나쓰메 소세키의 마지막 안식처

도쿄는 서울과 달리 도심 곳곳에 공동묘지 혹은 그들을 지키는 절이 있다. 메지로 집에서 멀지 않은 곳에 위치한 묘지공원, 조시가야영원. 수많은 문인의 마지막 안식처가 된 곳. 특히 일본 근대시대 대표 문인인 나쓰메 소세키가 그곳에 있다. 소세키는 1914년 당시 위장병으로 고통받으면서도 고독한 메이지시대 지식인의 내면을 그린 그의 대표작을 출간한다. 소설『마음』에는 바로 이곳 조시가야 묘지가 언급된다. 소설 중 '선생님'은 매달 꽃을 들고 조시가야를 찾아가 먼저 떠난 친구를 남몰래 추모한다.

소세키는 일본 근대화의 변화 속에서 개인을 탐색하고자 노력한 작가였다. 일본의 '근대국가 만들기 프로젝트'를 지켜본 작가는 1909년에 발표한 작품『그 후』의 작중 인물을 통해 답답한 시대 분위기를 이렇게 표현한다. "일본은 서양에 빚을 얻지 못하면 도저히 일어설 수 없는 나라야. 그런데도 선진국이라고 자처하고 있지. 억지로라도 선진국 대열에 끼려고 하지. 그러니 여러 방면에서 깊이보다는 선진국처럼 넓이만 벌려놓는 거야. 무리하게 벌려놓으니 더욱 비참

한 거야. 소하고 경쟁하는 개구리처럼 이제 곧 배가 터지고 말걸세. 그 피해는 모두 우리 개인이 입게 될 테니 두고 보게. 이렇게 서양의 압박을 받고 있는 국민은 머릿속에 여유가 없으니 제대로 된 일을 할 수가 없지. 모두 빡빡하게 교육을 받고 그 후에는 눈이 돌 정도로 혹사를 당하니 모두가 하나같이 신경쇠약에 걸려버릴 수밖에."[38] 근대적 인간의 초상으로 등장한 작품 속 부잣집 도련님 주인공은 "왜 일을 하지 않는 건가?"라고 무위도식의 이유를 묻는 친구에게 "세상 탓"이라고 잘라 말하며 일본과 서양의 관계에 문제가 있어 일하지 않는다고 태연하게 답한다. 시대와의 불화는 100여 년 전 사회적 변화의 폭이 컸던 근대시대의 개인, 특히 당시 지식인들에게 더 큰 공감으로 다가왔을 수도 있겠다.

대표작 『마음』을 출간하고 2년 뒤 그는 최후의 대작 『명암』을 집필하다가 1916년에 위궤양 악화로 세상을 떠나 이 조시가야영원에 영원히 묻힌다. 어쩌면 작가는 이곳을 자신의 사후 장소로 미리 정해놓고 소설에 언급하지 않았을까? 근대 메이지시대 많은 지식인과 예술가가 안장되어 쓸쓸히 흔적만 남은 이곳에서 다시 한번 생각한다. Memento mori, 너의 죽음을 기억하라.

쓸쓸한 아름다움이 들어찬 오후의 묘지　　　　　　　　소세키, 여기에

산케이엔 三溪園
요코하마의 영화를 이곳에서

도쿄 인근에서 근대와 관련된 대표적 도시로 요코하마를 꼽는다. 현재 도쿄 다음으로 인구수가 많은 도시로, 가나가와현의 현도이기도 한 이 부유한 항구도시는 1859년 개항해 현재 곳곳에 다양한 근대유산이 산재해 있다. 에도막부 시기부터 외국무역과 해외정보를 독점할 목적으로 개항했으며, 그 후 외국인과 일본인의 접촉을 최소화하기 위해 요코하마 항구 한편에 외국인 거류지를 정해두었다.[39] 현재 모토마치 야마테山手로 불리는 지구에는 당시 외국인 주택과 사무실 및 공원 등 근대 건축물이 많다. 1923년 대지진으로 그 흔적이 많이 사라졌으나 이후 복원작업을 거쳐 조성된 요코하마의 대표적 거리인 모토마치와 야마테공원은 모던한 분위기가 가득한 레트로풍 지역으로 자리 잡았다. 항구 주변 수변 지역에서는 복원하여 상

요코하마 니혼오도리 근처

업공간으로 오픈한 빨간벽돌 창고와 현대적으로 개조한 오래된 서양관 시설을 통해 그 역사적 흔적과 현대적 해석을 함께 엿볼 수 있다.

근대도시 요코하마 안쪽에 일본 3대 정원으로 꼽히는 산케이엔이라는 인상적인 장소가 있다. 이곳은 메이지와 다이쇼 시대에 실크 산업으로 엄청난 부를 이룬 지역 기업가이자 미술 애호가인 하라 산케이^{原富三溪}(1868~1939)의 개인 저택이 있는 광대한 일본 정원이다. 아름답고 넓은 부지에 하나의 세계를 구현한 특별한 장소로서 메이지시대인 1907년에 일반 시민에 개방되었다. 정원 곳곳에 보이는 이전 시대의 사진은 과거의 영화를 보여주고, 정교하게 계획된 외부정원과 내부정원은 엄청난 규모의 또 다른 세계를 보여준다. 호수처럼 넓은 연못 근처에 전망 좋은 호젓한 식당들이 있어서 휴일 이곳을 찾은 시민들에게 정원 공간의 매력은 배가된다.

또 다른 세계, 산케이엔

20세기 초 다도와 예술과 건축을 사랑했던 요코하마 기업가가 평생 심혈을 기울여 수집한 다양한 시대의 다실과 건축물이 이축되어 내부정원 곳곳에 배치되어 있다. 열일곱 동의 고건축 가운데 현재 구 도묘지^{燈明寺} 삼중탑을 비롯한 열 개 동이 일본 중요문화재로, 세 개 동이 요코하마시 유형문화재로 지정되어 관리되고 있다. 특별히 문인이나 예술가를 지원하고 교류했던 기록이 담긴 산케이기념관에서는 기업가의 세계관이 당시의 현실적 부를 넘어 독자적인 미의 세계를 추구했음을 살펴볼 수 있다. 그중 인도의 시성, 타고르 Rabindranath Tagore(1861~1941)가 2개월간 머물며 집필활동을 한 사진, 저술집과 숙소의 흔적이 남아 있어 역사적 장소로서의 의미를 더한다. 시간을 내어 옛날 방식으로 산책하고 식사하고 쉬면서 천천히 인간이 구현한 자연을 감상하고 싶어지는 요코하마의 특별한 공간이다.

시간이 갈수록 깊고 넓어지는 울림

나고야·나라·가루이자와

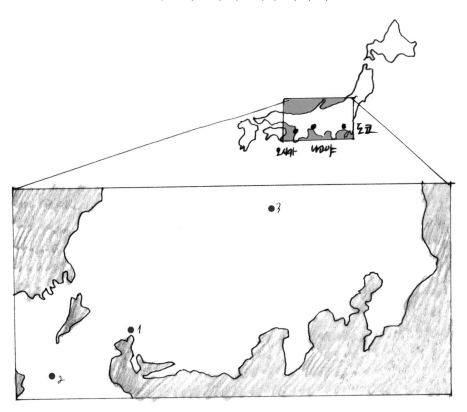

1. 노리다케의 숲

2. 나라호텔

3. 맘페이호텔

노리다케의 숲
ノリタケの森
Noritake Garden
3 Chome-1-36 Noritakeshinmachi, Nishi Ward, Nagoya,
Aichi 451-8501, Japan
https://www.noritake.co.jp/mori

나라호텔
奈良ホテル
Nara Hotel
1096 Takabatakecho, Nara, 630-8301, Japan
http://www.narahotel.co.jp

---

❸

맘페이호텔
万平ホテル
Mampei Hotel
925 Karuizawa, Kitasaku District, Nagano 389-0102, Japan
https://www.mampei.co.jp

노리다케의 숲 *ノリタケの森*

나고야에서 만난 노리다케와 오쿠라

처음 노리다케를 알게 된 게 한창 다도에 빠져 있던 후배가 꽃무늬 찻잔을 사들일 때였던가? 나중에 이 100년이 넘는 역사의 일본 프리미엄 도자기 브랜드가 대한제국 왕실 양식기 세트로도 납품되었다는 사실을 알게 되었다.[40] 더불어 한때 일본 국회도서관으로 사용되었던 영빈관을 견학하면서는 오쿠라라는 도자기 브랜드가 궁내청에 납품되며 일본 황실 식기로 사용되었음을 알게 되었다. 투어를 하며 전시된 도자기의 브랜드를 물어보니, 영빈관 가이드가 "아, 그거 말이죠. 정말 아름답죠. 오쿠라 도자기입니다"라고 자부심 넘치게 답했던 기억이 난다.

노리다케와 오쿠라. 둘 다 일본 프리미엄 브랜드인 듯한데 어떤 연관성이 있을까? 그 의문점이 전통적 제조업 도시로 알려진 나고야에 가서야 풀렸다. 나고야는 도요타자동차와 함께 노리다케 사업이 시작된 산업도시였고, 그 명성에 걸맞게 노리다케 기업은 이곳에 도자기갤러리, 테마공원, 나고야 TV탑 근처 독립숍 등을 운영하고 있었다. 도자기를 좋아하는 사람들은 이 회사의 시작점인 '노리다

정중앙의 우아미, 노리다케의 숲 중앙분수대

케의 숲'이라는 곳에서 나고야 여행을 시작하기 마련이다.

넓은 터에 자리 잡은 공원, 식기박물관, 도자기 제조공장인 크래프트센터, 노리다케 전문 매장 등에는 나고야 시민 외에도 다양한 관광객의 발길이 북적인다. 창립 100주년을 기념해 옛 공장 터 일부에 오픈한 '노리타케의 숲'을 늦은 오후에 찾아갔다. 부드러운 오후 빛에 감싸여 분수가 내뿜는 물소리조차 조용히 우아했다.

1919년에 설립된 오쿠라도원은 노리다케의 최상위 하이브랜드로 인정되었고, 이후 오쿠라는 일본 궁내청과 고급 호텔 등에 납품되고 전 세계 도자기 시장에서 프리미엄 브랜드로 자리 잡았다. 오쿠라도원의 도자기 중 가장 유명한 건 1928년에 출시된 푸른장미 시리즈 Okura Blue Rose. 장미 수가 많을수록 가격이 높아진다고 한다. 하지만 역시 백자의 우아미는 따라갈 수 없다. 고심 끝에 나고야 여행의 선물로 오쿠라 찻잔 세트를 사서 도쿄 집으로 가지고 왔다. 차를 마시는 짧은 시간이나마 내 삶에 공기처럼 평온한 기운이 스며들기를.

우아한 오쿠라 찻잔

나라호텔 奈良ホテル
고도에서 100년 전을 만나다

일본의 고도古都 '나라'는 1,300년이라는 역사가 빚어낸 다양한 이야기와 풍부한 자연경관이 유명한 대표적 전통도시다. 이 고도에는 창업 당시 모습을 잘 간직한 오래된 숙박지인 나라호텔이 있다. 사슴이 노니는 나라공원의 고지대에 1909년 '간사이지역의 영빈관'으로 당시 국영 철도회사가 세운 호텔이다. 2009년 창업 100주년을 맞은 이 클래식한 장소에는 시대를 반영한 역사적 기억과 흔적이 담겨 있다.

일본에서 호텔은 개국과 함께 외국인이 들어오면서 세워졌다. 1863년 요코하마 거류지에 영국인이 세운 '요코하마 클럽'이라는 사교장이 1869년 '클럽호텔'로 이름을 바꾸고 본격적인 호텔 영업을 하기 시작했다. 일본인이 만든 최초의 호텔은 1867년 건설된 쓰키지築地 호텔이다.[41] 도쿄 쓰키지에 외국인 거류지가 조성되면서 외국인을 위한 숙박시설이 필요했던 것이다. 당시 300여 명이 묵을

구관 로비의 고전적 샹들리에

많은 것을 이야기해주는
흑백사진

아인슈타인 사진과
피아노

수 있는 거대 호텔을 완성한 직후 에도막부가 붕괴됐는데, 메이지 신정부 이후에도 외국인 전용 호텔로 운영되어 당시 상당한 화젯거리가 되었다고 한다.

20세기 초 간사이 지역 나라시에 설립된 나라호텔은 현재 구관과 신관으로 이루어져 있다. 구관 1층 로비에는 특별히 100여 년 전에 사용한 당시 고급 식기류와 직원들 사진, 숙박명부, 유명 인사들의 숙박 이야기를 살펴볼 수 있는 역사적 코너가 있다. 오래된 호텔의 기록과 박물을 통해 하이클래스 근대인들의 여행과 삶의 여정을 엿볼 수 있다. 100여 년 동안 숙박했던 전 세계 저명인을 게재한 호텔 연표에는 국내외 정치인 외에도 버트런드 러셀Bertrand Russell(1921), 아인슈타인Albert Einstein(1922), 찰리 채플린Charles Chaplin(1936), 오드리 헵번Audrey Hepburn(1983) 등 문화예술계의 거장들 이름도 눈에 띈다. 특별히 피아노를 연주한 아인슈타인의 사진과 당시의 피아노도 보관되어 있어 그 시절 빛나던 순간을 되새긴다.

가루이자와 맘페이호텔 万平ホテル
존 레넌이 머물던 장소

풍광 좋은 나가노현 동쪽 고원지역에 위치한 부촌인 가루이자와는 여름에도 날씨가 시원해 오래전부터 도쿄인에게 사랑받아온 대표적인 휴양지다. 소박한 자연 풍경과 휴가를 즐기러 찾아온 도시인의 라이프스타일이 세련된 조화를 이룬다. 근대시대에도 많은 지식인이 휴양과 피서를 위해 이곳을 즐겨 찾았다. 다이쇼시대 대표작가인 아쿠타가와 류노스케도 1924년 이곳 가루이자와에서 지인들과 피서를 하면서 사회주의 관련 서적을 탐독했다고 한다.[42]

맘페이호텔은 바로 이 가루이자와마치에 위치한 창업 120년이 넘는 일본의 대표적 클래식 호텔 중 하나이다. 1764년 사토만에몬佐藤万右衛門이 맘페이호텔의 전신인 여관 '카메야亀屋'를 열었고, 1894년 사토 만페이佐藤万平가 카메야 호텔을 오픈했다. 1902년에 '맘페이 호텔'로 그 이름을 바꾸고, 이후 소설가 미시마 유키오와 영국 밴드 비틀스The Beatles의 멤버였던 존 레논John Lennon(1940~1980) 등 다양한 유명 인사가 숙박하고 문화적 흔적을 남기면서 유명해졌다. 특히 존 레논은 부인 오노 요코小野洋子(1933~)의 별장이 있던 가루이자와를 찾

역사가 느껴지는 맘페이 호텔 간판

으면서 이 지역에 매료되어 맘페이 호텔에 자주 묵었다.

이 호텔의 외관에서는 서양식 산장이 연상되고, 내부는 다양한 복고풍 조명과 중후한 가구, 스테인드글라스로 클래식한 분위기가 난다. 본관의 알프스관은 현재 국가등록 유형문화재로 지정되어 있다. 맘페이호텔은 호텔의 역사를 보여주는 다양한 기록과 흔적을 전시하는 사료관을 운영한다. 설립 당시 가구 디자인 안, 100여 년 전의 숙박명부, 시대별 호텔 홍보 팸플릿 등 기록자료, 시기별 숙박 열쇠와 소품 등이 잘 보존되어 있다.

무엇보다 존 레넌이 유고 직전 4년간 매년 여름 휴양 차 묵었던 곳이라 관련 사진 및 보도자료, 피아노 등이 풍부하게 전시되어 있다. 호텔 내 카페 테라스에서는 존 레넌 에피소드를 연계한 식음료 메뉴를 제공하며 그에 대한 추억을 환기시키고 있다. 과거의 기록과 축적된 문화자산을 현재의 호텔 운영과 마케팅에도 적극적으로 활용하는 모습이 인상적이다. 맘페이에 가면 존 레넌이 좋아했다던 로열 밀크티를 마시며 그의 노래를 듣고 싶다.

Ⅳ

기억기관으로
과거는
현재로 이어지고

사람이 살지 않는 집은 사람의 온기가 없어져 금세 망가진다. 마찬가지로 아무리 좋은 것이 있어도 아무도 발걸음하지 않으면 조금씩 잊히며 먼지를 뒤집어쓰고 낡아간다. 그러다가 우리의 사회적 기억 속에서도 영영 잊히고 만다. 일본의 모던이 세월을 더해가면서도 그 빛을 잃지 않고 지금도 형형하게 사람들 곁에서 살아 숨 쉬는 데에는 꾸준히 그 가치를 알리고 사람들을 불러모으고자 하는 개인적·제도적 노력이 있었다. 일상 속에서 누구나 쉽게 만나고 누리고, 또 오늘의 시간으로 단장하면서 파동과 울림을 더해가는 도쿄 모던의 현장은 빠른 속도로 변해가는 우리 도시를 돌아보게 한다.

현대에도 여전히 매력적인 모던

일본의 근대시대는 메이지유신과 산업화, 즉 정치와 경제 부문에서 동시에 혁명이 일어난 격동의 시기였다. 오늘날 도쿄의 번영은 에도 가 발전한 결과이고, 근대를 거치며 다양한 시행착오 끝에 현재의 국제적 메트로폴리탄 도시인 도쿄로 완성되었다.

격변의 근대적 사건과 성과를 현대적 의미와 가치로 연결하는 작업 은 사회적 기억을 미래 세대로 이어나가기 위한 시도이다. 근대화에 대한 일본의 남다른 의미부여는 시장경제의 기본이자 상징적 도구 인 지폐 디자인만 봐도 쉽게 알 수 있다. 일본은 근대화와 문화발전 에 기여한 인물을 엄선해 지폐에 넣는다. 우리가 조선시대 인물을 조명해 디자인하는 것과는 사뭇 다른 태도라고 할 수 있다. 근대의 흔적과 유산을 현재에 맞게 재해석하고, 이를 지금의 문화적 품격 을 높이고 일본적인 것을 재탐구하는 데 활용한다. 현재 시점에서 근대시대 건물을 이전하고 최대한 복원하여 과거의 문화를 이어가 거나 기억을 제도적으로 강화한다.

또한 일본은 시대별 대표 산업이나 공예품 등을 오늘날의 상품으

다이쇼 유리를 소재로

로 적극 발굴해 활용하고, 그 문화유산을 매력적으로 만들려는 노력을 꾸준히 한다. 도시재생사업으로 새로운 관광도시로 탈바꿈한 홋카이도 오타루시는 지역의 대표 상품인 유리공예를 다이쇼 유리^{taisho} glass로 칭하며 관련 산업을 지원하고, 유리공예품 전시관 등을 하나의 관광거점으로 활용하고 있다. 이외에도 쇼와시대 램프나 스탠드 등 시대적 아우라를 풍기는 생활소품을 공공건물 복원이나 카페 인테리어 등 다양한 영역에 활용하면서 현재의 일상과 소비활동으로 연결한다. 한 시대를 풍미했고 또 지금까지도 명맥을 유지하는 스토리를 가진 공예품, 이를 활용한 모던한 라이프스타일 등이 현재 일본의 독특한 아날로그적 분위기를 만들어내고 있다.

●
외국인을 대상으로 한 오타루 관광책자에는 오타루의 다이쇼 유리를 "다이쇼 시대의 아름다움을 현재에 느끼고 꿈으로 가득한 타원함을 만나보세요(feel the beauty of the taisho period in the present and encounter class filled with dreams)"라는 제목으로 소개하고 있다.

서기 대신 연호元号를 쓰는 일본, 그래서 아직도 일본인은 연호로 시대를 감각하고 나이를 확인하기도 한다.[43] 이는 글로벌 기준의 효율성 측면에서 논란이 많겠지만, 일본인에게는 그 시기에 대한 경험을 나누며 스토리텔링을 다양하게 확장하는 힘을 부여하고 있다. 당대나 후대 사람들이 공유하는 각 시대에 대한 기억을 불러오는 문화적 장치로서의 역할을 하는 것이다.

일본은 기억기관에 대한 정보를 적극적으로 활용하고 사람들이 더 많이 이용하도록 하기 위해 네트워크 연결망도 적극적으로 활용한다. 도쿄의 각 구나 도, 부, 현 차원의 자료를 다양하게 재구성하고* 시민 각자가 자기 삶의 장소에서 일상적으로 기억기관을 이용할 수 있도록 촉진하고 있다. 접근하기 쉬운 문화예술 전시 정보와 연계적 협력활동은 기억기관의 사회적 활용성을 크게 키운다. 집단적 기억과 향수를 자극하는 콘텐츠 연계 작업은 일본의 마을조성운동 또는 민간사업과 연결되어 때로 사회공동체 전체로 확산되기도 한다. 이는 마을 커뮤니티의 특성과 정체성을 만들고 미래 세대를 위한 시민교육에도 의미 있는 역할을 하고 있다.

---

*도쿄의 각 구에는 도서관/미술관 네트워크 등이 있어 이 정보를 기초로 사람들이 주변 기억기관을 선택해 이용한다. (미나토구 박물관 네트워크: www.minato-rekishi.com/musenet)

과거의 멋이
현대의 멋으로 이어지다

도시는 유기체, 살아 있는 생물처럼 끊임없이 변화한다. 급속도로
현대화된 도쿄라는 거대도시에서는 1980년대 중반부터 대형 부동
산개발회사를 주축으로 노후화된 근대건물을 철거하거나 새로운
건물로 대체하는 사업이 빠르게 진행되었다. 이에 건축학계를 중심
으로 중요한 근대건물을 보존해야 한다는 문제 제기와 시민운동이
당시 사회적으로 큰 반향을 일으켰다. 이를 통해 서서히 역사적 건
물이나 장소는 근대성을 간직하면서도 현대적 요구를 반영한 근대
건축물로 보존, 정비되기 시작했다.[44] 미쓰이나 미쓰비시 등 대형 부
동산회사가 소유한 정원이나 건물, 역사적 가옥* 또는 근대시대를
거쳐오면서 지금까지 유지된 유서 깊은 호텔은 현재 갤러리, 카페,
레스토랑, 결혼식장, 워크숍 공간 등으로 다양하게 활용되고 있다.

•

영친왕의 저택으로 사용되던 아카사카 이왕조 주택이 전후 대기업 소유로 이전되
어 현재 상업적 레스토랑과 이벤트 장소로 활용되는 것은 안타까운 일이다.

고택을 활용한 세타가야미술관 분관　　　오래된 민가를 박물관으로 활용하는 가마쿠라

근대시대 기록을 아카이빙한 고택, 민가, 건축물 등에서 지금을 사는 현대인들은 당시로 시간여행을 하며 색다른 체험을 하고 일종의 인사이트를 얻는다. 역사적 흔적과 성과를 재구성해 상품화하면 역사적 공간을 의미 있게 소비하는 행위를 사회적으로 촉진할 수 있다. 미츠코시, 다카시마야백화점 등 일본의 유서 깊은 상업시설은 자체 갤러리 외에 나름의 전시공간을 만들어 자신들의 역사를 연구 분석하고 재조명해 시민과 공유하는 소통 작업을 지속하고 있다. 근대의 전통을 현재의 삶에 녹여내 일상 속에서 풍부하게 발현되게 하는 상업적 문화활동도 주목할 만하다.

근대시대에 창업해 벌써 역사가 100년이 넘는 다양한 분야의 회사들 역시 그들의 전문영역에 기반한 홍보 역사관이나 정원, 사설 갤러리를 운영하면서[45] 사업영역과 연관 있는 근대의 기억과 기록을 수집, 발굴해 큐레이션하는 전시작업을 진행한다. 이러한 작업은 근대의 성과와 성취를 공공의 기억으로 확장시킨다. 지나간 시절을 기억하고 소중하게 여기는 사회공동체 문화는 현재의 새로운 문화를 생성해내는 원동력이 된다. 이는 다른 차원의 문화적 소비를 만들어내며 당대의 문화산업을 견인하고 사회 전반의 문화적 깊이를 만들며 도시의 품격을 높이기도 한다.

공공의 관점에서는 지금의 세대가 과거 문화유산을 최대한 향유하고 각자의 삶 속에 이를 특별하게 활용할 수 있도록 다양한 문화적 장치를 마련할 수 있다. 일본은 공익적 차원에서 미술관, 도서관, 기록관, 박물관 등 기억기관과 역사적 정원을 자유롭게 이용할 수 있도록 하는 제도를 활성화하고 있다. 공익재단법인인 도쿄도역사문화재단은 구릇토패스ぐるっとパス라는 뮤지엄 패스 제도를 운영하는데, 이를 이용하면 도쿄도 내 100여 개 기억기관을 매년 두 달간 무료 또는 할인된 입장료로 자유롭게 즐길 수 있다. 문화적으로 가치 있고 풍부한 지역사회를 만들기 위해 설립된 이 재단은 전문적인 것에서부터 대중적인 것에 이르는 문화, 예술 활동을 장려하고 에도와 도쿄의 유산을 좀 더 견고하게 보존하는 것을 목표로 활동하고 있다. 도쿄 뮤지엄 패스 제도는 매년 새로운 디자인과 방식으로 운영하고 있으며 신학기의 시작 달인 4월 오픈하여 기억기관 어디에서나 상시 쉽게 구매할 수 있다.

기억기관에서 정성을 기울여 제작 배포하는 양질의 전시소개 리플릿이나 포스터는 소소해 보이지만 예술적 체험을 일상의 영역으로 들여놓는 데 큰 기여를 한다. 정보적 가치뿐 아니라 미적 가치도 지

거실 벽을 활용한 포스터 전시

닌 자료는 각계각층의 사람들이 문화예술 전시를 생활 속에서 인지하고 기대하며 때로 간접 체험할 수 있는 효과적인 도구이기 때문이다. 이 자료들은 도시 곳곳의 기억기관 입구 서가에 상시 비치되어 예술정보가 상호연계적으로 확대될 수 있도록 하는 아름다운 '나비' 역할을 하고 있다. 역사, 문화, 예술, 건축 등에 관심이 있는 사람이라면 누구나 이를 일상 속에서 쉽게 접하고 누릴 수 있는 여건과 기회를 제공하는 점이 인상적이다. 우리의 기억기관들도 이런 작업을 멋지게 할 수 있으면 좋겠다.

더 가까이
더 적극적으로 누리는 모던

일본은 메이지시대 이후 근대화나 문화예술에 주요한 업적을 남긴 작가를 중심으로 한 문학관, 기념관, 미술관 등 다양한 기억기관을 설립했다. 더불어 작가의 이름이나 작품 소재를 현재의 장소와 적극적으로 연결해 산책로와 공원을 조성하고 공식 지명으로 활용하는 등 지속 가능한 도시재생 프로젝트를 확장하고 있다. 도쿄에서 특히 근대적 흔적이 많은 분쿄구는 '조각이 있는 마을 만들기' 사업으로 어린이집 주변과 거리에 조각을 설치하면서 근대문학의 창시자인 모리 오가이의 작품에 나오는 지명을 적극적으로 활용했다.

민간 영역에서는 근대시대 문인들이 자주 갔던 음식점, 카페뿐 아니라 과자점 에피소드 등을 잘 발굴하여 상점이나 대표상품의 스토리텔링에 활용하고 있다. 메이지시대(1884년)에 창업한 긴자의 오래된 화과자 가게 쿠우야^{空也}는 대표상품인 모나카 세트에 나쓰메 소세키의 소설 『나는 고양이로소이다』에 자신들의 가게명이 나온다는 소개문을 곁들이고 여러 문인이 실제 가게에 방문했다는 에피소드를 이야기한다. 문화 콘텐츠 영역에서도 예술가나 작가의 삶과

화과자집, 쿠우야

작품에서 영감을 받은 이차적 저작물이 성공을 거두는 사례가 늘
어나고 있다.

역사적으로 유서 깊은 절이나 신사, 료칸은 문인과 관련된 숨은 이
야기를 발굴해 자신들의 건축물을 설명하는데, 방문객은 이로써
해당 장소를 더 풍부하게 해석하고 역사적으로 확장하여 상상할
수 있다. 문화역사 도시 가마쿠라에 1282년 세워진 고풍스러운 사
찰인 엔가쿠지円覚寺는 근대 문인들의 참선 스토리로도 유명하다. 나
쓰메 소세키가 장기간 머물고 참선하면서 『문』을 집필했다는 일화

___

근대 문학가들을 다양한 방식으로 패러디하여 근대문학에 대해 아는 만큼 재미
를 느끼게 만드는 대중작품, 『문호 스트레이독스(文豪stray dogs)』는 연재 만화로
시작하여 애니메이션, 연극, 영화, 모바일게임으로까지 확장되었다. 또한 만화가
다니구치 지로(谷口 ジロー, 1947~2017)는 2015년 『도련님의 시대』라는 작품에서
메이지시대에 살았던 실제 인물의 삶과 그들의 생각을 조명하였다.

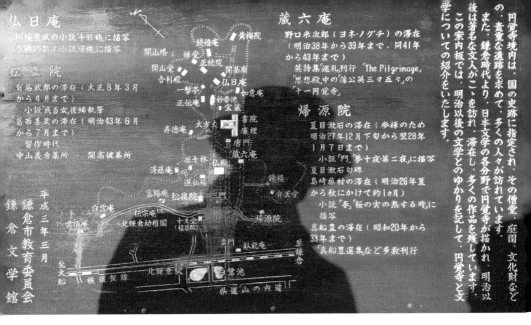

기록으로 보여준다, 가마쿠라 엔가쿠지

나, 선 철학자 니시다 기타로가 참선한 이야기와 그들의 흔적을 남
겨놓아 절을 관람하거나 템플스테이를 하는 사람들의 지적 흥미와
과거인과의 공감대를 돕는다. 근대문학에 관한 순례기를 만들 수
있도록 문화재와 관련된 세부적 에피소드나 기록을 보다 폭넓게 큐
레이션하여 전달하는 것이다.

이처럼 근대의 흔적을 현재의 지역과 연결해 스토리를 만드는 힘은
2000년대 이후 새로운 공공사회를 내세우며 다양한 방식으로 성장
했던 일본의 마을만들기운동과도 밀접한 관련이 있다. 야마나시현
고슈시의 근대화유산을 활용한 마을만들기 近代化遺産を活かしたまちづくり46

사업처럼 특화된 테마로 마을을 조성해 그 지역의 문화적 자산을 발굴하고 공공사업과 연결한 사례는 도쿄를 비롯해 일본 전역에서 찾아볼 수 있다.

'지금 우리가 사는 이곳'에 대한 공간적 재인식과 가치창출은 내국인을 넘어 외국인으로 소통의 대상이 확대될 때 그 도시의 관광자원이 되어줄 뿐 아니라 사회적·문화적 영향력도 커진다. 일본은 매주 갱신되는 'Tokyo Cheapo: the ultimate guide fo Tokyo'[47]라는 심플한 정보사이트를 통해 새롭게 정착했지만 아직 일본어가 서툴러 심리적 장벽이 있는 외국인도 도쿄의 이벤트나 문화예술 행사를 쉽게 확인해 참여할 수 있도록 돕고 있다. 도쿄라는 도시와 역사, 예술에 관심만 있다면 가벼운 마음으로 현재에 벌어지는 생생한 행사에 참여하면서 이 도시를 즐기며 이해도와 호감도를 높일 수 있다. 다채로운 행사와 이벤트를 통해 도쿄의 이모저모를 경험하면서 외국인들은 도쿄가 문화적으로 포용력 높은 국제도시라는 인상을 쌓아나간다.

에도시대는 현재 일본을 이해하는 주요한 시기로서
사람들은 그리움을 담아 다양한 방식으로 이 시대를 불러내곤 한다.
이 시기는 19세기 말 서구 '글로벌 스탠더드'에 맞춰
부단히 노력하며 근대로 향하던 메이지시대와도 자연스럽게 연결된다.
근세로서 에도는 현재 일본에 정착된 많은 풍속을 설명해준다.
이 시대의 생활문화는 그때까지 축적된 공동의 의식과
시기별로 성장한 경제주체의 삶과 생활양식에 근거해서 독특한 문화유산을 형성했다.

2부에서는 일본의 근대 이전, 큰 전쟁 없이 상대적으로 평화로웠던
250여 년간의 에도시대를 시대·도시·문화적 측면에서 살펴본다.
그중에서도 일상에 풍성한 문화적 스토리를 만들어내며
다양한 기억유산을 후대에 전승해준 대표적 문화유산인
'우키요에'라는 풍속화를 중심으로 에도라는 도시를 거닐어보자.

2부

도쿄에서 만난

진한

에도의 향기.

Period

에도시대 예술문화를 한눈에

예술작품이나 전시를 보러 가면 현재 이곳이라는 한 시점에
붙들린 내가 시공간적으로 한없이 확장되는 기분이 든다.
지금 보고 있는 예술가나 작품이 어떤 흐름에서 탄생했는지
궁금증을 하나하나 풀어가면서 시야가 점점 확대되는 경험을 하곤 했다.
일본 기억기관에서는 종종 전시 테마와 내용을
시대와 연결하여 독특한 연표를 만드는데,
이를 활용하면 확장적 사고로 전시를 살펴볼 수 있다.
이에 착안하여 에도시대를 세계사와 연결해 정리해놓은
지식문화 기억연표를 준비했다.
이를 보면서 입체적으로 역사를 상상하고 동시대 서구와 한국에는
어떤 예술작품과 문화적 성취가 있었는지 비교해보면
기억기관 전시를 보는 즐거움이 배가될 것이다.

서구

1669 렘브란트 〈마지막 자화상〉

1718 요한 세바스찬 바흐
〈브란덴부르크 협주곡〉(~1721)
1751 프랑스, 『백과전서』 간행(~1780)

에도시대

일본

1603~1868

1612 에도막부의 크리스트교 금지	1791 혼욕 금지령
1764 책 대여점 번성	
1765 스즈키 하루노부, 니시키에 완성	
(우키요에 판화기법)	

에도시대

한국

1603~1868

1610 허준 『동의보감』	1780 박지원 『열하일기』
1612 허균 한글소설 『홍길동전』	1784 유득공 『발해고』
1616 일본에서 담배 유입	1785 서학을 금함, '서학금지령'
1624 허난설헌 『난설헌집』 중국 출간	1790 김홍도 〈씨름도〉(18C 말)
1645 소현세자, 청에서 서양서적 수입	신윤복 〈미인도〉(18C 말~19C 초)
1648 청, 외국과의 도자기 교역 금지	
1710 윤두서 〈자화상〉	
1751 정선 〈인왕제색도〉	
이중환 『택리지』	
1763 일본에서 고구마 전래	
1776 정조, 규장각 설치	
1778 박제가 『북학의』	

1818 메리 셸리『프랑켄슈타인』

**서
구**

1808 괴테『파우스트』
(1부: 1808년, 2부: 1832년)

1830 스탕달『적과 흑』
1832 올더스 헉슬리『멋진 신세계』
1837 찰스 디킨슨『올리버 트위스트』
1813 제인 오스틴『오만과 편견』
1843 에드거 앨런 포『검은 고양이』
1815 프랑스, 자전거 발명
1848 칼 막스『공산당선언』

1831 가쓰시카 호쿠사이
〈가나가와 해변의 높은 파도 아래〉,
〈붉은 후지산〉

**일
본**

1798 박제가『북학의』
1818 정약용『목민심서』
1814 정약전『자산어보』
1844 김정희〈세한도〉

**한
국**

1850	너새니얼 호손 『주홍글씨』	1857	귀스타브 플로베르 『마담 보바리』
	H.멜빌 『모비딕』	1859	뉴욕시, 최초 엘리베이터 설치
1851	런던 만국박람회(최초),		찰스 다윈 『종의 기원』
	수정궁(Crystal Palace) 건설	1862	빅토르 위고 『레미제라블』
		1865	루이스 캐럴 『이상한 나라의 엘리스』

1853	파리개조사업(~1870)		
1855	파리 만국박람회	1867	파리 만국박람회

1855	파리 만국박람회 참가	1859	우타가와 히로시게
			〈다리에 갑자기 쏟아지는 소나기〉
		1862	일본 최초 정기 만화잡지 「재팬 펀치」
		1863	거류지에 최초 호텔
			'요코하마 클럽' 건설
		1867	일본인에 의한 최초 호텔
			'쓰키지 호텔' 건설

19C	신재효 판소리 연구,	1861	김정호 〈대동여지도〉
	6마당 만듦(19C 초)		
	장승업 〈호취도〉(19C 중반~후반)		

V

어제의
우키요에,
오늘의 우키요에

국도 16호에는 에도의 흔적이 많이 남아 있다고 알려진 가와고에川越가 있다. '작은 에도(코에도)'라고 불렸다는 명성대로 마을 곳곳에 펼쳐진 역사적 흔적이 매우 인상적이다. 2차 세계대전 말 일본 각지의 대공습 속에서도 운 좋게 소실을 면한 이 지역의 건물들은 갑자기 미래로부터 시간여행을 온 듯한 묘한 기분을 선사한다. 긴 세월에도 아랑곳하지 않고 단정하게 자리 잡고 있는 오래전의 흔적과 이를 잘 해석해서 가꾸어놓은 거리와 현재의 건물들이 남다른 조화를 이룬다.

가와고에뿐 아니라 도쿄에는 구석구석 에도의 정취가 은은하게 배어 있는 곳이 많다. 또한 애니메이션을 비롯한 일본의 각종 문화콘텐츠에서도 그 과거의 모습은 시간을 초월해 자주 등장하며 아련한 향수를 자극한다. 에도시대로 본격적인 시간여행을 떠나기 전에 에도에 대해 먼저 살펴보기로 하자.

에도의 세 가지 의미:
시대, 도시, 문화

일본 수도였던 옛 도쿄를 가리키는 도시 에도江戸는 그 시대 자체를 말하기도 한다. 이에 따라 에도는 시대로서의 에도, 도시로서의 에도, 일본 문화로서의 에도로 나누어 접근해볼 수 있다. 여기서는 일본 문화로서의 에도에 중점을 두고, 당시 꽃피웠던 예술문화와 그 문화유산이 지금 이 시대에 어떻게 활용되고 있는지를 좀 더 촘촘하게 들여다보기로 한다.

먼저 시대로서의 에도에 대해 살펴보자. 에도시대란 1603년 도쿠가와 이에야스德川家康가 에도막부를 수립한 이후부터 1868년 메이지유신 전까지를 말한다. 좀 더 엄밀하게는 에도막부 개설부터 사실상 도쿄 천도가 이루어진 1869년까지 266년 동안의 시기를 가리킨다. 이 시기가 에도시대라고 불리는 이유는 간단하다. 정권의 본거지가 에도였기 때문이다. 막부정치 시대인 만큼 사무라이, 무사계급의 최고 지위에 있는 쇼군의 권력이 절대적이었고, 그 밑의 다이묘들이 저마다 영지를 나눠 가졌다.

당시 덴노는 도쿄에 있는 궁궐 안에 살았고, 실제 권한은 에도의 도쿠가와 쇼군이 장악하며 전국을 통일 지배하는 중앙집권 정치체제를 확립하려고 한 시기였다.

대외적으로는 전체 260여 년의 에도시대 가운데 1642년부터 1854년까지의 212년간은 쇄국정책이 시행됐으며 이는 정치, 경제, 문화, 사상 등 사회 각 방면에 다양한 영향을 미쳤다. 이 시기는 상대적으로 평화로웠고, 근세 일본인은 경제적 안정기 속에 폐쇄적이고 자기중심적으로 세계를 인식하며 자신의 문화를 가꿔나갔다.

당시 근세 일본 열도는 각기 독립적인 국가들로 이뤄져 있었으며, '단일한 통일 국가'라는 인식이 없었기에 에도막부는 그중에서 가장 큰 국가라는 생각이 일반적이었다.[48] 이후 에도막부 정권이 안정되면서 확립시킨 중앙집권적 행정체계는 19세기 말에 새로 들어선 덴노를 정점으로 하는 입헌군주제 근대국가의 토대가 되었다.

이제는 도시 공간적 측면에서 에도를 살펴보자. 17세기 초 에도막부라는 새로운 시대가 열린 이래 50여 년이 넘는 건설공사를 통해 도시가 만들어지고, 경제가 비약적으로 발전하면서 에도 사회는 이후 큰 변화를 겪는다. 평화가 이어지면서 사무라이계급은 쇼군이나 다이묘를 위한 행정업무를 보며 봉급을 받는 관료로서의 역할을 하게 된다. 이에 따라 그들은 점차 농촌을 떠나 막부의 도시 에도에 몰려 살기 시작했다. 또한 도시 상공인인 조닌町人 계급은 군 장비와 일용품, 공예품 생산과 유통을 담당했는데, 이들은 당시 안정적 녹봉을 받는 도시 소비계층이었던 사무라이의 생활수요를 만족시키기 위해 에도성 아랫마을인 조카마치城下町에 구역을 지어 살았다. 이후 다양한 계층의 집단이 모여드는 에도는 점차 전국에서 가장 거대하고 강력한 소비도시로 성장해나갔다.[49]

또한 쇼군 도쿠가와 이에야스가 중앙권력 강화를 위해 만든 특별한 제도, 산킨코다이參勤交代(참근교대)*도 에도라는 도시의 발전에 큰 역할을 한다. 다이묘와 가족이 1년씩 번갈아서 의무적으로 에도에서 생활해야 하는 이 제도 때문에 전국에서 모여든 다이묘와 가족, 가신의 거처가 된 에도는 이미 18세기 초, 인구 130만이 넘는 세계 최대의 도시[50]로 팽창해 있었다. 이는 같은 시기 다른 나라의 수도를 압도적으로 능가하는 인구밀도로, 런던(50~60만 명), 파리(40만 명)보다 훨씬 큰 도시적 규모였다.[51] 물류가 활발히 이동하면서 상업도시 오사카와 덴노가 있는 교토와 에도를 연결하는 교통망, 유통망 그리고 거대한 시장이 형성되었다. 상품과 화폐의 유통을 매개로 다이묘가 지배하는 전국 모든 번藩이 이렇게 에도를 중심으로 긴밀히 연결되고, 시장경제의 흐름이 전 계층, 전 지역으로 퍼져 나가면서, 에도의 경제 규모는 급격하게 커져나갔다.

에도가 현재의 '도쿄'라는 이름으로 불리기 시작한 지는 채 200년이 되지 않았다. 1869년 에도를 일컬어 도쿄라 한다는 조서가 반포

---

* 각 번의 다이묘가 정기적으로 에도를 오고 가게 함으로써 각 번에 재정적 부담을 가하고, 그들을 볼모로 잡아두기 위해 시행한 에도막부의 제도

니혼바시*를 그린 우키요에

되면서부터이니 에도 지역은 400여 년 동안 일본의 수도 역할을 하며 도시로 성장했다고 할 수 있다. 특별히 이 도시의 성장사에서 언급해야 할 20세기의 커다란 사건 두 가지가 있다. 첫 번째는 1923년 간토대지진으로, 당시 대화재가 도쿄 곳곳에 일어나 목조 건물이 대부분 훼손되고 10~14만여 명의 사망자가 발생하는 등 사상 최악의 재해를 겪었다. 일본 전체를 휘청거리게 할 정도로 큰 규모의 재난이었지만, 복구 과정에서 국민이 합심해 도쿄가 더욱 근대적 도시로 재건되는 계기가 되기도 했다. 두 번째는 2차 대전 종전 직전에 일어난 1945년 도쿄 대공습이라는 무차별 폭격이다. 도쿄는 또다시 수많은 사상자와 건물 손실로 잿더미 도시가 되었다. 이로 인해 실질적으로 현

●
에도시대 전국 도로 정비계획에 따라 만들어진 다리 혹은 그 주변의 상업지구.

대 도쿄에 과거 '에도'라고 불렸던 시기의 유산과 흔적 상당수가 유실되었다. 하지만 거대한 외부적 충격과 재난은 역설적으로 지난 시대의 문화유산을 더욱 굳건히 보존, 복원하고자 하는 제도적 노력과 다양한 기억기관의 콘텐츠 큐레이션 작업 등을 활발하게 하는 외부요인으로 작용하였다.

마지막으로 이 책에서 중요하게 다룰 문화로서의 에도에 대해 살펴보겠다. 에도막부의 거점이 확장됨에 따라 문화가 서에서 동으로 차츰 옮겨졌고(교토, 오사카에서 에도로) 이에 따라 중심지 에도에서 출판되는 소설이나 문예작품의 영향력이 점차 커졌다. 에도시대는 사회적 요구에 따라 출판문화가 번성했으며, 각 분야의 예술도 크게 성장했다. 그 배경에는 실질적으로 지식인 역할을 했던 사무라이계급과 조닌이라는 상공업자층의 경제적 성장이 있었다. 조닌계급은 이후 상인 자본가층으로 자리 잡고 새롭게 축적한 부를 바탕으로 사회 저변의 보이지 않는 힘으로 대두되었다. 이 계급의 사회적 힘과 경제적 주도권은 일본 전체가 하나로 묶여 상업이 발달하면서 더욱 커졌다. 특히 목조건물이 많았던 에도의 빈번한 대형 화재는 생필품의 가격 인상으로 이어졌고, 막부의 대형 건축 토목공사는 자연스럽게 상인이나 자본가의 경제적 부를 키웠다.[52] 이렇게 키워나간 경제적 여유는 서구 부르주아 계급과 같은 문화생활과 개인적 취향을 위한 물적 기반을 마련해주었다.

전란으로 점철되던 전국시대戰國時代를 넘어 오랫동안 이어진 에도시대 전기의 평화와 내수 경제의 비약적 발전은 정신적·문화적으로 이전과는 차원이 다른 자유로운 사회 분위기를 만들어냈다. 부를 축적한 집단을 중심으로 이른바 사회 중산층이 형성되면서 좀 더 화려하고 세속적인 예술문화와 생활양식이 꽃피기 시작한다. 새롭게 부상한 중산계층은 기존의 불교사상 등을 넘어서 높아진 자의식을 표출할 수 있는 보다 자유로운 민간예술과 생활문화를 찾게 되었고 이러한 요구가 다양한 방식으로 펼쳐지기 시작했다. 더불어 일본 각지에 신분과 지역을 뛰어넘는 정보교환망, 편지와 책을 교환하는 지적 네트워크도 지역적으로 광범위하게 확산되었다.[53] 에도시대 중반 이후, 경제와 문화의 중심축은 확실히 에도로 옮겨졌다.

17세기 초중반에는 포르투갈인이 내항하면서 당시 도시문화 형성에 기여한 사무라이와 조닌 계층 사이에서 유럽 문화가 유행하기도 했다. 특별히 서양 학문을 연구하도록 적극 지원한 8대 쇼군 도쿠가와 요시무네德川吉宗는 서양 과학기술을 국가적으로 도입하고자 서양 책을 수입해 학자들에게 일본어로 번역하게 했다. 이로써 공식적으로 금지된 크리스트교와 관계없는 실용 서양서 수집과 네덜란드어 학습이 장려되면서 지적 번역 작업의 기초가 된 난학 연구가 활성화되었다. 당시 나가사키의 매립지 데지마를 통해 유입된 난학의 지적 체계는 미술 분야에서는 회화의 세계를 확장하는 데도 영향을 주었다. 특히 꽃, 새, 풀, 나무 등 자연을 소재로 한 그림에는 투시도법이라는 과학적 정밀함을 더해 이른바 오란다 풍*의 서양화 기법을 일본에 정착시키는 데 크게 기여했다.[54] 이 회화기법은 에도 시대 우키요에 화가들에게도 영감을 주어 대중적 생활풍속화 영역에 많은 영향을 미쳤다.

•
오란다는 네덜란드를 칭하는 일본어 단어로, 포르투갈어 Holanda에서 왔다.

잊지 못할 시간을 쌓아온
우키요에

우키요에浮世絵는 에도시대의 수도인 에도 지역에서 제작된 풍속화이다. 한국식 한자음으로 읽으면 '부세화'인데, 애초에 '우키요'라는 단어는 앞선 시대를 표현하는 듯한 '근심스러운 세상憂世'이라는 뜻이었는데 에도시대에 사회가 안정되면서 그 의미가 조금씩 달라졌다. 사람들의 사고방식이 '잠깐 머물 현세라면 조금 들뜬 기분으로 마음 편히 살자'라는 방향으로 바뀌면서 긍정적인 뉘앙스의 우키요浮世가 된 것이다.[55] 에도 그림이라고 불리는 이 우키요에는 원래 지역 특산물 중 하나인 미술품이었기에, 에도라는 도시가 가진 고유한 특성을 많이 담고 있다.

우키요에 화파의 큰 특징은 목판화를 주된 표현 수단으로 활용했다는 점이다. 원화를 대량 복제해 싼값에 제공할 수 있는 단색목판화는 대중적 수요에 가장 맞는 표현방식이었을 것이다. 우키요에는 주로 소설류나 그림책 등 오락적 도서를 출판했던 에도의 서적 도매상에 의해 처음 제작됐고, 이에 따라 화가와 조각가, 인쇄사 등 각 공정별 전문인과 긴밀한 협업 구조 속에 만들어졌다. 에도시대 화

다색판화 기법을 창시한 스즈키 하루노부鈴木春信와
와타나베 세이테이渡辺省亭의 그림

가는 초기 단색 판화에서 차츰 붉은색과 녹색 등을 더하여 1765년
즈음에는 여러 색으로 찍어내는 다색판화 기법을 고안해냈다.[56] 화
가가 밑그림을 그리면 색상별로 판목에 새기고 한 가지씩 색을 입
혀 문질러 인쇄하는 방식이었다. 마치 비단 같다는 의미에서 니시키
에錦絵라고 불린 이 다색목판화는 상품으로서 판화가 진화된 양식이
라고 할 수 있다. 그 결과 다양한 소재의 아름다운 우키요에가 저렴
한 가격으로 대중의 일상생활에 자연스럽게 스며들었다.

우키요에 판매점 전시, 도쿄에도박물관

도슈사이 샤라쿠(東洲齋寫樂)가 그린
가부키 배우

우키요에 화가는 특정한 주문자의 요구에 따라 제작하는 것이 아니
라 애초부터 소비자의 광범위한 수요를 예측해 대중적 소재의 그림
을 그린 뒤 판화 완성품을 그림 가게에 진열하고 고객의 구매를 기
다렸다.

이처럼 우키요에는 시장에서의 활발한 유통을 염두에 둔 기성품이
었다. 우키요에로 대표되는 에도의 서민적 예술문화는 성(性)과 재물
등 통속적 주제를 스스럼없이 다루며, 대량소비에 부응하는 판화
기법을 독자적으로 발전시켜나갔다. 대중의 생생한 모습과 시대 트
렌드를 반영한 그림의 성격은 이후 긴 시간을 통과하며 우키요에가
생활사적 가치를 형성하는 데 기여했다.

우키요에의 대중적 요구는 에도시대 중반 이후 더욱 커졌다. 경제 규모가 커지고 도로나 역 주변 환경이 개선되면서 일반인도 여행을 할 수 있는 여건이 만들어졌다. 사람들은 애써 다녀온 여행의 추억을 간직하고 지인에게 선물도 하기 위해 우키요에를 구입했다. 적당한 가격의 선물용품으로도 당시 매우 인기가 높았다고 한다. 우키요에는 명소 안내나 미인화 그리고 가부키에 나오는 배우의 대형 브로마이드 역할을 하면서 일상에서 접하는 생활예술로 자리 잡았다. 각지의 여행 열기에 힘입어 에도 후기에는 우키요에 대가 호쿠사이^{葛飾北斎} (1760?~1849?)와 히로시게^{安藤広重}(1797~1858)의 에도 인근을 배경으로 한 풍경 시리즈 등 작가들의 대표작도 그려졌다.

프러시안블루를 사용한 호쿠사이의 작품

서양화의 명암법을 재해석한
히로시게의 작품

여행 따라 흐르고 넓어지는 세상

서구적 의미의 민족주의 국가가 성립되기 이전, 일본처럼 봉건시대에 농민과 소시민계급이 활발히 여행을 다닌 예는 없다고 한다.[57] 도쿠가와 막부는 원칙적으로 관광 그 자체를 목적으로 한 여행은 금지했지만, 신사나 사찰 방문, 또는 치료를 위한 온천여행은 제한적으로 허용했다. 대중은 이에 순응하면서 이른바 '순례'를 구실로 여행을 했고, 이러한 분위기 속에서 18세기에 에도 주변의 수많은 사찰과 후지산을 비롯한 영산을 순례하는 여행이 전 사회적으로 큰 인기를 끌며 여행 붐이 일어났다.

이러한 변화는 그림에도 영향을 미쳤다. 여행문화와 여행객 수요에 맞춰 풍경 자체에 집중하는 풍경화 양식의 우키요에가 주목을 받기 시작했다. 또한 막부가 제한적으로 허용한 서구 실용서적이 유입되면서 동판화와 원근법에 영향을 받은 좀 더 진화된 우키요에 판화 기법이 당대 풍경화의 거장들에 의해 서서히 발현되기 시작했다. 즉 자연공간을 표현하기 위해 서양 화법을 재해석해서 독특한 풍경 공간감을 만들어내는 데 활용했다. 특히 당시 서구문물의 관문이었던 규슈의 나가사키를 통해 수입한 화학안료가 소개되면서 이전과는 전혀 다른 농도의 짙은 색을 만들어낼 수 있게 되었다. 에도 시대 후기 거장인 호쿠사이가 자주 사용했던 프러시안블루 등이 이에 속하는데 우키요에 세계에 새로운 유행 색을 만들어내면서 그림

이외에도 각종 생활디자인에 적용되었고, 이는 현재의 생활예술에서도 에도의 대표적 색상 중 하나로 알려져 있다.

낯선 눈으로 익숙한 것을 보면

중국의 청 왕조가 들어서면서 해외에서 인기를 끌던 중국 도자기 수출이 전면적으로 중단되었다. 이는 일본으로서는 커다란 기회였다. 중국 도자기의 대안으로 일본 도자기가 유럽에서 서서히 인지도를 얻기 시작한 것이다. 이는 임진왜란 이후 조선으로부터 도예기술을 익혀 국내 수요에 따라 자체적으로 발전시킨 일본 도자기 산업의 관점에서 큰 전환점이 되었다. 더불어 200년이 넘도록 쇄국정책을 취하던 일본이 1854년 개항하면서 서구에 유입된 일본 공예품과 기모노 등 독특한 디자인 패턴은 유럽인을 사로잡았다. 그 가운데서도 특히 이국적 구도와 패턴, 이채로운 색감의 우키요에에 유럽인들은 열광했다.

프랑스에서 우키요에를 처음 주목하게 된 계기는 일본에서 수입한 도자기 포장지로 사용된 우키요에 전단지였다고 전해진다. 일본 서민의 풍경이나 일상, 특히 쉽게 볼 수 없는 풍

우키요에로 가득한 모네의 집

광이나 특이한 인물을 목판으로 인쇄한 홍보물 등은 당시 일본에서는 너무 흔해 예술품으로 평가받지 못했다. 그래서 외국에 도자기를 수출할 때나 외국인이 기념품을 살 때 이를 포장지로 많이 활용하였다. 당시 일본인은 대량의 우키요에가 무차별적으로 유출되고 해외 예술시장에서 가치가 올라가는 상황에서도 자신들의 생활예술품이 예술적으로 또는 상업적으로 얼마나 가치 있는지 전혀 인식하지 못했다.

박람회의 세기라 불리던 19세기에 서구 열강은 경쟁적으로 세계박람회를 개최하며 자신들의 문화적·경제적 부를 과시하기 시작했다.[58] 에도막부는 반反막부 세력이 대두되던 당시 분위기 속에서 자신들의 위상을 국제적으로 알리기 위해 1867년 제2회 만국박람회(파리)에 참가하기로 결정했다. 그리고 이 행사 참여를 통해 당시 쇼군은 프랑스 황제로부터 자신이 일본의 공식적인 지배자임을 인정받게 된다.[59] 이후 근대 메이지시대에 들어선 이후에도 일본은 1871년 샌프란시스코 공업박람회, 1873년 빈 만국박람회, 1878년 파리 만국박람회에 연이어 참가했다. 이때 일본 미술품과 우키요에는 상당한 주목을 받으며 일본의 문화적 힘을 국제적으로 알리는 계기를 마련했다. 서구인은 일본 미술의 파격적 구도, 풍성한 색채, 기발한 시각적 효과와 이를 자아내는 회화적 수단의 단순함에 찬탄했다. 동아시아에서 건너온 이 판화를 통해 당시 유럽 화가들은 화면의 중심이 꼭 인물이어야 한다는 고정관념, 사물의 명암 구분을 분명하게 사실적으로 묘사하려는 강박증, 그림의 중심이 되는 인물이나 사물을 그릴 때 반드시 그 전체를 담아야 한다는 생각 등에서 벗어날 수 있었다.[60]

19세기 중후반 유럽에서 유행한 일본풍의 사조를 자포니즘Japonism이라는 용어로 지칭할 정도로 이는 유럽 예술계에 있어 새로운 조류의 탄생을 예감케 하는 엄청난 예술적 자극이었다. 이렇게 우키요에는 초기 네덜란드 상인을 통해 유럽으로 전파되었고, 이후 빛을 포착해 그리는 19세기 새로운 유파였던 인상파 화가들에게도 큰 영향을 주었다.

이 문화적 영향력은 당시 회화뿐 아니라 음악, 조각 등 다양한 예술 분야로 확산되었다. 프랑스 작곡가 드뷔시Claude Achille Debussy는 호쿠사이의 〈가나가와 해변의 높은 파도 아래神奈川沖浪裏〉라는 그림을 보고 영감을 얻어 관현악곡 〈바다La Mer〉를 작곡했고, 1905년에 출간된 이 곡의 악보 표지에도 해당 그림을 실었다. 일본의 그림 우키요에에는 서양인, 즉 외부인의 시각에서 그 예술적 가치와 가능성이 재조명되었다. 그리고 일본은 이후 역으로 우키요에의 가치를 재평가하고 향후 긴 시간에 걸쳐 다양한 노력을 기울이며 수집, 보존하고 이를 연구와 전시에 활용하며 현재 국가의 예술유산과 기억 문화자산으로 키워가고 있다.

드뷔시의 〈바다〉 악보
표지(1905)

시간을 견디며 여기 남아

에도의 서민문화로 꽃피웠던 우키요에의 목판기술은 일본이 서구에 문호를 개방한 19세기 중반에도 인기가 높았다. 특히 수입염료로 색조도 화려해지고 문명의 개화로 피어나는 대도시의 새로운 명소를 그린 니시키에 풍경화가 많이 출판되어 대중적으로 사랑을 받았다. 진귀한 서양식 건축이나 기차 등이 오가는 모습은 당대 사람들에게 그 자체로 대단한 즐길 거리였다.[61] 이런 그림들은 사진이나 인쇄술이 발달하지 않았던 메이지 초기에 세밀하고 정겨운 모습으로 풍성한 시각 정보를 제공해주었다.

1868년 이후 개항에 뒤이어 수립된 메이지 정부는 서구화를 신속하게 추진했고, 이 과정에서 기존의 생활풍속과 관념은 서구의 기준에 맞춰 빠르게 재단되고 변화해나갔다.[62] 일반 시민의 외부적 관심이 확대되고 요구가 다양해지면서 니시키에가 묘사하는 대상과 풍경도 다채로워졌다. 세태와 유행에 민감했던 후기 우키요에 화가들은 새로운 풍물에 눈을 돌려 증기선, 유럽풍 석조건물, 가스등, 인력거* 등 서구문물과 이국적인 풍경이 담긴 판화들을 의욕적으로 제

●
인력거는 문명개화기에 일본 최대의 발명품으로서 당시 시민의 교통수단으로 널리 이용되었으며 해외로까지 수출되었다.

작했다. 더불어 새로 들어온 붉은색 인공안료 등을 활용해 특히 서양 문물이 직접 들어오는 접점인 개항지 요코하마를 주된 배경으로 하여 역동적인 그림을 그렸다. 이념적으로는 근대국가의 틀을 잡으며 이어진 헌법 발표와 국회 개원처럼 정치체계 변화 속에 수반되는 새로운 제도의 출발 등을 주제로 한 그림들도 많이 선보여 시대적 변화와 요구에 대응하였다.

하지만 급속한 변화의 시기, 근대에 들어서 서구적 기준이 우월한 평가 틀로 작용하면서 이전 시대 대표적 문화상품인 우키요에에 대한 대중의 관심은 식어갔다. 특히 메이지 신정부의 정통성을 내세우기 위해 자신들이 무너뜨린 에도막부를 부정하는 분위기가 조성됐고, 이에 따라 과거 에도의 문화인 우키요에는 빠르게 빛바랜 유산이 되어갔다. 원근법을 고려하지 않는 전통적 묘사방식은 더 이상 대중의 인기를 끌지 못했고, 19세기 예술의 패러다임을 바꾼 매체인 사진과 인쇄기술은 판화의 기반을 흔들며 풍경 우키요에의 위상을 급속도로 떨어뜨렸다.

이 시대를 살았던 후기 우키요에 화가 고바야시 기요치카小林淸親 (1847~1915)는 서구 근대 문물을 받아들여, 변화하는 근대 도시의 모습을 총 95점의 '도쿄 명소도' 시리즈로 그려냈다. 그의 그림은 에도의 잔영이 남아 있던 초기 도쿄의 모습을 서정적으로 그려내며 당대에 큰 인기를 끌었다.[63] 고바야시는 메이지 초기 도시 풍경을 담은 전통적 목판작업을 통해 마법 같은 저녁의 순간이나 밤의 경치

고바야시가 그려낸
도쿄의 서정적인 모습

를 능숙하게 표현해냈다. 하지만 우키요에의 마지막 거장이었던 그
도 시대 흐름을 거스를 수는 없었다. 전통적 색채와 구도를 사용한
'무사시 100경' 시리즈는 시장의 혹평 속에서 외면당했고, 그와 함
께 우키요에 자체의 입지는 변화된 사회의 요구에 부응하지 못하며
흔들렸다.

새로운 시각정보 매체가 등장하고 예술작품에 대한 사람들의 선호
가 이동하면서 우키요에 화집은 더 진화하지 못하고 역사 속으로
서서히 사라져갔다. 하지만 '신판화新版画'라는 이름으로 그려낸 근대
시대 우키요에 화가들의 미인화, 화조도, 도쿄 풍경화는 그 이후에
도 계속 시도되고 제작되었다. 이 새로운 일본의 그림들은 시대적
이미지를 대표하는 문화적 산물로 남아 지금까지 고전적 형태의 예
술 장르로 많은 사람의 사랑과 관심을 받고 있다.

VI

에도로
떠나는
시간여행

시대는 지나도 그때의 정취는 여전히 우리 곁에 남는다.
어제의 에도는 오늘날 도쿄의 든든한 배경이자, 다양한 기억기관 전시로
생생하게 다시 살아나고 있다. 기억기관과 전시를 찬찬히 둘러보며 이제는
볼 수 없는 그 시대의 도쿄를 상상하며, 과거의 문화적 자산을 어떻게 재구
성하고 향유하고 확산하는지 함께 살펴보자.

멀리 깊이 퍼지는 에도의 정취

치요다구·미나토구
스미다구·고토구

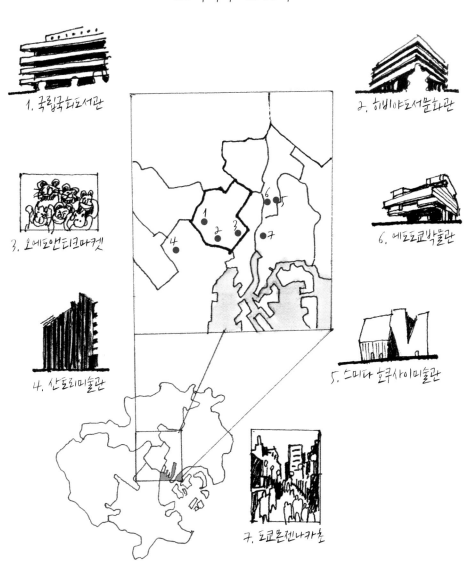

1. 국립국회도서관

2. 히비야도서문화관

3. 오에도안티크마켓

6. 에도도쿄박물관

4. 산토리미술관

5. 스미다 호쿠사이미술관

7. 도쿄몬젠나카쵸

❶

국립국회도서관

国立国会図書館

National Diet Library

1 Chome-10-1 Nagatachō, Chiyoda City,
Tokyo 100-0014, Japan

https://www.ndl.go.jp/jp/tokyo/index.
html

❷

히비야도서문화관

千代田区立日比谷図書文化館

Hibiya Library & Museum

1-4 Hibiyakoen, Chiyoda City,
Tokyo 100-0012, Japan

https://www.library.chiyoda.tokyo.jp/
hibiya

❸

오에도앤티크마켓

3 Chome-5-1 Marunouchi, Chiyoda City,
Tokyo 100-0005, Japan

https://www.t-i-forum.co.jp

❹

산토리미술관

サントリー美術館

Suntory Museum of Art

9-7-4 Akasaka, Minato City, Tokyo
107-8643, Japan

http://www.suntory.co.jp/sma

❺

스미다 호쿠사이미술관

すみだ北斎美術館

The Sumida Hokusai Museum

2 Chome-7-2 Kamezawa, Sumida City,
Tokyo 130-0014, Japan

https://hokusai-museum.jp

❻

에도도쿄박물관

江戸東京博物館

Edo-Tokyo Museum

1 Chome-4-1 Yokoami, Sumida City,
Tokyo 130-0015, Japan

https://www.edo-tokyo-museum.or.jp

❼

몬젠나카초 게이세이 리치몬드 호텔 도쿄몬젠나카초

京成リッチモンドホテル 東京門前仲町

2 Chome-8-9 Monzennakacho, Koto City,
Tokyo 135-0048, Japan

https://richmondhotel.jp

국립국회도서관 国立国会図書館
그날의 풍속과 풍경을 오롯이

> "도서관은 인간의 기록지식을 사회적 기억으로서
> 체계 있게 조직하여 제공하는 사회기관이다."

미국 도서관학자 세라^{Jesse H. Shera}는 도서관을 이렇게 정의했다. 이런 맥락에서 일본 국립국회도서관은 국회의원에게 입법 서비스를 하면서, 국가적 차원에서 자국의 기록지식을 사회적 기억으로 저장, 확산하기 위해 다양한 일을 하고 있다. 그중에서도 에도시대의 대표적 문화유산인 우키요에와 관련된 자료를 포괄적으로 수집, 정리하고 열람하면서 타 기관과 다양한 협력사업을 하고 있다. 방대한 우키요에 컬렉션은 현재 디지털화 작업을 거쳐 국회도서관 디지털 갤러리인 NDL Image Bank에서 자유롭게 열람할 수 있고, 우키요에 목판화, 그림, 잡지 등 에도와 근대시대 컬렉션을 기반으로 다른 기억기관의 우키요에 전시를 폭넓게 지원하는 협력사업을 펼치고 있다.

특별히 이 도서관은 메이지시대 국회의사당의 모습을 볼 수 있는

'에도에서 도쿄까지' 전시 포스터　　'에도에서 도쿄까지' 전시

다색목판화인 니시키에를 갖고 있으며, 에도의 옛 풍속과 풍경을
엿볼 수 있는 우키요에도 다량 소장하고 있다. 2021년 가을에는 오
래된 흡연실을 리모델링하여 '에도에서 도쿄까지江戸から東京へ'라는 주
제로 관련된 우키요에 자료를 도쿄의 지역별로 구분하여 전시했다.
해당 전시는 코로나 시기를 반영해 온라인으로도 동시 전시하여 자
료의 활용도를 높였다. 또한 홈페이지에 '니시키에로 즐기는 에도의
명소錦絵でたのしむ江戸の名所'라는 주제로 에도의 대표적 명소를 소재로
한 우키요에 500여 점을 온라인으로 상설전시[64]하고 있다. 이와 같
은 전시는 과거인이 포착한 에도의 풍경을 통해 오늘의 도시를 새롭
게 발견하는 데 기여하고 있다.

히비야도서문화관 千代田区立日比谷図書文化館
최초의 서양식 공원 속으로

가끔 발을 딛고 있는 지금이 문득 '위대한 현재'로 느껴지는 순간이 있다. 나에게는 퇴근길 초가을 바람을 맞으며 도시의 대로를 거쳐 멋진 공원길로 접어들 때 그런 감각이 종종 찾아온다. '바로 지금이 그 순간이야.' 이처럼 도심의 공원은 일상에 지친 우리에게 때로 마법 같은 기운을 선사해준다.

일본에서 근대적 의미의 공원이 계획된 것은 1889년 도쿄 시구 개정설계가 고시되고 난 뒤부터이다.[65] 이를 통해 도쿄를 비롯한 일본 전체 도시계획의 일환으로 귀족의 정원이 아니라 '시민'의 삶을 위한 공원의 지위가 확립되었고, 개원 이후 서민을 위한 쉼터이자 다양한 집회 장소로 이용되며 진정한 의미의 도시 속 근대공원으로 자리 잡았다.

1903년에 문을 연 히비야공원은 일본 최초의 서양식 공원으로, 덴노가 사는 고쿄 근처 부지에 문을 열었다. 그리고 치요다구에서 운영하는 도서관인 히비야도서문화관이 그 공원 안에 자리하고 있다. 책을 읽고 연구하는 도서관과 치요다구 역사문화정보를 전시

건물 밖까지 확장되는 전시

하는 박물관 그리고 다양한 강좌나 이벤트를 여는 공간이 함께하
는 일종의 복합 문화시설이다. 1층에는 북카페와 함께 상설 및 기획
전시실이 있고 4층 특별연구실에서는 메이지, 다이쇼 등 근대시대
의 귀중 도서도 열람할 수 있다.

치요다구의 대표적 문화기관인 이곳은 일반적 정보 열람서비스 외
에 소장자료와 타 기관과의 협력을 통해 큐레이션한 주제들로 특별
전시를 기획해 운영하고 있다. 2021년 하반기에는 국립국회도서관
과 협력하여 키이쿠니야 미타니야^{紀伊国屋三谷家} 컬렉션 특별전시를 했
다. '우키요에를 팔다, 제작하다, 보다^{浮世絵をうる/つくる/みる}'라는 제목으
로 에도시대에 사람들이 어떻게 그림을 구입하고 감상하고 생산하

고 유통했는지를 그림과 전시물을 통해 선보였고, 마지막 섹션에는 우키요에를 단계별로 제작하는 체험 코너도 구성했다. 전시를 통해 우키요에가 어떻게 당대 핵심적 출판물로 대중의 삶 속에서 다양한 역할을 했는지를 살펴볼 수 있었다.

참고로 치요다구는 '치요다 역사 산책 MAP: 치요다 우키요에 명소 순례千代田歴史散歩MAP: 千代田浮世絵名所めぐり'를 제작해 현재 구의 각 명소를 그려낸 우키요에와 지도를 연결해냈다. 시민들의 도시 산책을 권장하는 이 자료는 도서관 전시실에 비치되어 관람 후 시민들이 지금 자신이 사는 곳을 역사적 상상력으로 다시금 둘러보게 하는 역할을 한다. 지역의 역사성과 현재성을 동시에 부각시킨 작업이라 하겠다.

'효녀 심청'을 연상시키는
'달의 100가지 모습月百姿' 시리즈

새해·오에도 앤티크마켓에서 근대시대 의자를 만났으니

'오에도^{大江戸}라…. 큰 에도란 뜻일까?'

치요다구 유라쿠조역 근처, 개방적 분위기가 인상적인 컨벤션센터인 도쿄국제포럼 앞에서는 매달 한두 번씩 대규모 장터가 열린다. 아름답고 현대적인 유리 건물 광장 앞에 빈티지, 앤티크 물건들이 향연을 펼치고, 호기심 많은 다양한 색깔의 사람들이 모여 사뭇 재미있는 풍경을 자아낸다. 오에도 앤티크마켓은 주말 이른 오전, 물건 구입에 관심이 많다면 오후에 산책하기에 좋은 장소이다.

코로나가 심해지는 상황에서 언제든 폐쇄될 수 있는 일일 장터. 한적해졌을 무렵에 집을 나서 일요일 오후의 햇빛을 느끼며 바깥바람을 쐰다. '아, 봄이 오고 있구나.' 바람은 한껏 가벼워지고 하늘은 투명했다. 늦은 오후의 시장은 벌써 파장 분위기이다. 반짝이게 닦아놓은 앤티크 물건들이 내뿜던 오전의 광채는 어느새 사라지고, 다들 정리하느라 분주해 보였다. 무심히 산책을 이어가는데 우연히 의자 하나가 눈에 띄었다.

마켓 깃발 너머에 열린 장터 축제

앤티크마켓의 단골 소재, 우키요에

마침내 나의 반려 의자로

쿠션 색은 내가 좋아하는 진한 올리브그린, 마치 오래전 건축가 프랭크 로이드 라이트가 디자인했을 법한 단아하고 소담스러운 의자가 말 그대로 홀로 외로이 자리를 지키고 있었다. 옆에서 짐을 싸던 할아버지(?) 주인장에게 조심스레 말을 건다.

"아…. 의자 색이 참 예쁘네요. 꽤 오래돼 보이는데요."

"그렇지요…. 오래전 쇼와시대 초기에 만든 의자예요. 한번 앉아봐도 돼요."

앉아본 후 안락함에 반했다기보다, 사실 나는 보는 순간 그냥 빠져버렸다. 의자의 남다른 자태와 아우라에. 길거리에서 우연히 너무도 매혹적인 고양이를 만나 자리를 떠날 수 없는 바로 그런 느낌이었다.

'오랜 세월 지켜온 저 당당한 자세, 너무 대단한걸…. 게다가 지금 나는 일본의 근대시대를 공부하고 있잖아. 이건 운명이야. 이 의자, 아무래도 나의 세계로 들어와야 할 것 같은데….'

경제적 여유는 없지만 안목은 있는 외국인 콘셉트로, 사고자 하는 간절한 의지를 할아버지에게 전달하며 눈빛을 반짝여본다. 남편의 만류에도 불구하고 나는 결국 각종 이유를 들어가며, 의자를 과감하게 샀다. 물론 어설픈 가격협상을 거쳐서.

이 의자가 앞으로 나의 삶에 어떻게 녹아들지 잘 모르겠다. 다만 이 빈티지 녹색 의자는 지금 중요하게 가꾸며 구상하고 있는 나의 관심 테마를 계속 생각나게 할 것이다. 더불어 도쿄의 생활을 상기시키는 확실한 그리고 아주 매혹적인 물건으로 자리 잡을 것이다.

산토리미술관 サントリー美術館
어제의 일본을 오늘로 되살리다

롯폰기 아트지구에 자리 잡은 도쿄 미드타운은 세련된 거주시설과 쇼핑몰, 미술관 등을 즐길 수 있는 복합시설이다. 이곳에 조용히 자리한 산토리미술관은 특히 고전적 장식예술 전시에 특화된 기억기관이다. 구마 겐코隈研吾(1954~)라는 세계적인 건축가가 2007년에 내부 디자인 설계를 해 미술관 공간 자체로도 유명하다. 나무와 종이를 이용해 일본 전통을 현대적으로 재해석해 디자인한 덕분에 자연의 온기를 느끼면서 문화적으로 충전하며 휴식을 취할 수 있는 아늑함이 느껴진다.

통창을 통해 내부에서도 고스란히 도시를 즐길 수 있다

현재 일본에서는 미술관, 도서관, 카페, 호텔 등 일본 각 지역의 매력적인 장소 개발사업에서 시부야역사 개조 등 대형 도심재개발 프로젝트까지, 구마 겐코라는 스타 건축가의 이름을 쉽게 찾아볼 수 있다. 안도 다다오를 넘어 지금은 확실히 구마 겐코의 시대인 듯하다.

일본 음료회사인 산토리의 미술관으로 개관한 이 기억기관은 '생활 속 아름다움'을 기본 테마로 하여, 헤이안시대부터 에도시대에 걸친 회화, 옻칠 공예, 도자기, 유리, 염직 등 약 3,000점의 예술품을 소장하고 있다.

코로나 상황으로 기획전시를 온라인으로 대체하다가 2021년 7월부터 본격적으로 문을 열었다. 2021년 여름 기획전으로는 방대한 일본 컬렉션을 자랑하는 미니애폴리스미술관^{Minneapolis Institute of Art}의 일본 그림을 선별해 전시했다. 미국 중서부의 미네소타주 미니애폴리스에 위치한 이 미술관은 세계 역사를 대표하는 9만 점 이상의 예술작품을 소장한 미국의 대규모 미술관 중 하나이다. 100여 년 넘게 지속적으로 일본의 예술작품에 투자한 이 미술관이 해당 컬렉션을 얼마나 체계적이고도 집요하게 수집했는지를 알 수 있는 전시였다.

'미니애폴리스 미술관 일본 회화의 명품'
전시 포스터

그중에서도 수백 년간 이어진 우키요

특이한 전시기법, 몰려드는 사람들

에 작가들의 계보를 시각적으로 잘 정리한 부분이 눈길을 끌었다. 개인적으로도 관심 있는 화가들이 에도시대에 어떤 창작 네트워크에 속해 어느 정도의 위상에서 작품활동을 했는지를 일목요연하게 살펴볼 수 있었다. 호쿠사이 등 에도시대 대표 화가들의 낯선 작품, 그러니까 대중적으로 잘 알려지지 않은 수작도 감상할 수 있는 귀한 전시였다. 미드타운 내 다른 전시공간에서는 호쿠사이 탄생 260년을 기념한 기획특별전이 성황리에 진행되고 있었다. 일본에서 호쿠사이의 인기와 그의 작품에 대한 열정은 현재도 유효한 듯했다.

이 미술관은 미드타운의 쾌적한 쇼핑몰과 도시적 아름다움이 넘치는 공간 속에 자리했다는 것이 큰 장점이다. 다양한 노선으로 확장되는 지하철로 곧바로 연결되어 편리하고, 더불어 건물 바로 앞 풍성한 공원부지에는 안도 다다오가 설계한 현대미술관 21/21 디자인 사이트도 있어서 사시사철 세련된 문화적 경험을 종합적으로 할 수 있다.

스미다 호쿠사이미술관 *すみだ 北斎美術館*
예술가의 고향을 기억하는 특별한 방법

"내게 5년이라는 시간이 더 주어진다면 진정한 화가가 될 텐데…."
세상을 떠나기 직전 호쿠사이는 이렇다 말했다 한다. 70세가 넘어
그린 〈가나가와 해변의 높은 파도 아래〉로 우키요에라는 예술 장르
를 세계적으로 알린 가쓰시카 호쿠사이. 그는 인물과 사물 묘사에
탁월했고 소묘라는 수단으로 90세에 죽는 날까지 세상과 인간사를
집요하게 탐구했다. 스미다구에 위치한 호쿠사이미술관은 화가의
출생지라는 장소적 의미도 있거니와 세계적 건축가인 세지마 가즈
요妹島和世(1956~)가 '도시에 열린, 지역 주민들에게 사랑받는 미술관',
'항상 새로운 도전을 하는 호쿠사이의 정신을 느낄 수 있는 미술관'
이라는 콘셉트에 기반해 과감하게 디자인한 건물로도 유명하다.
4층으로 규모는 그리 크지 않지만 호쿠사이의 고향인 이 소박한 동
네의 공원부지 안에 훌륭하게 자리를 잡아 역사적으로 오래된 지역
의 특별한 문화공간이자 시민의 놀이터로 사랑받고 있다.
2021년 상반기에는 호쿠사이를 오마주하여 그의 작품을 재해석해
낸 만화가 시리아가리 고토부키しりあがり寿의 작품을 원작과 함께 살펴

과감한 디자인의 미술관 건물

보는 기획전시 '시리아가리 호쿠사이 전: 키득 웃을 수 있는 쇼타임! しりあがりサン北斎サンークスッと笑えるSHOW TIME! -'을 선보였다. 후지산의 다양한 풍경을 그린 '후가쿠 36경富嶽三十六景'을 현대적으로 패러디한 작품이 호쿠사이의 오리지널 작품과 함께 약 160점 비교 전시되었다. 호쿠사이는 생활 속에서 기발한 테마를 발굴해 에도시대 말기의 세태를 해학적으로 묘사한 만화 형식의 그림을 확산시켰다.

2021년 하반기에는 '학자가 사랑한 컬렉션: 피터 모스와 나라사키

무네시게学者の愛したコレクション —ピーター・モースと楢﨑宗重—'로 호쿠사이 그림과 그 외 인상적인 우키요에 그림을 선보였다. 우키요에 관련 저명한 연구자의 소장자료 140여 점을 통해 에도시대 풍속과 유행, 당대 미의식을 종합적으로 살펴보는 전시였다.

이 미술관은 예술가의 아틀리에를 재현한 모형과 스미다구와 호쿠사이의 관계성을 조망한 자료 등 총 일곱 개 주제를 입체적으로 구성한 전시공간도 상설 운영하고 있다. 호쿠사이미술관은 인근에 있는 에도도쿄박물관과 함께 스미다구의 핵심적인 기억기관으로 자리매김하고 있다.

선으로 힘 있게 표현된 건물 출입구

에도도쿄박물관 江戸東京博物館

에도와 도쿄를 잇다

에도도쿄박물관은 도쿄 스미다구에 위치한 도립 박물관으로 1993년에 개관했다. 도쿠가와 이에야스의 입성 후, 1869년까지 에도라 불린 도쿄의 400년 역사를 실제 건물 안에 재현해 선보인다. 초기 에도시대부터 근현대 도쿄의 모습을 시대를 거슬러 올라가며 체험할수 있는 장소로서, 특별히 에도시대와 같은 크기로 설치해놓은 다리인 니혼바시가 인상적이다. 이곳에서는 에도시대를 이해할 수 있는 원본 자료와 공예품 외에 다양한 우키요에를 직접 소장하고 정기적으로 전시한다.

2021년 여름에는 '후가쿠36경에 대한 도전: 호쿠사이와 히로시게^{冨嶽三十六景への挑戦 北斎と広重}'라는 제목으로 우키요에의 양대 거장인 호쿠사이

'후가쿠36경에 대한 도전' 전시 포스터

히로시게의 〈겨울〉

호쿠사이의 〈후지산〉

와 히로시게의 대표작 가운데 당관 소장작품을 전시했다. 250년간 이어진 에도시대 우키요에 화가들의 계보 속에서 두 예술가의 위치와 영향력을 고찰할 수 있었다. 에도시대와 관련된 대표적 박물관의 위상에 걸맞은 큰 행사라서 이 전시는 코로나가 나날이 심해지던 시기에도 호쿠사이에 대한 영화 개봉과 함께 도쿄 시민의 대대적인 관심과 호응 속에 진행되었다.

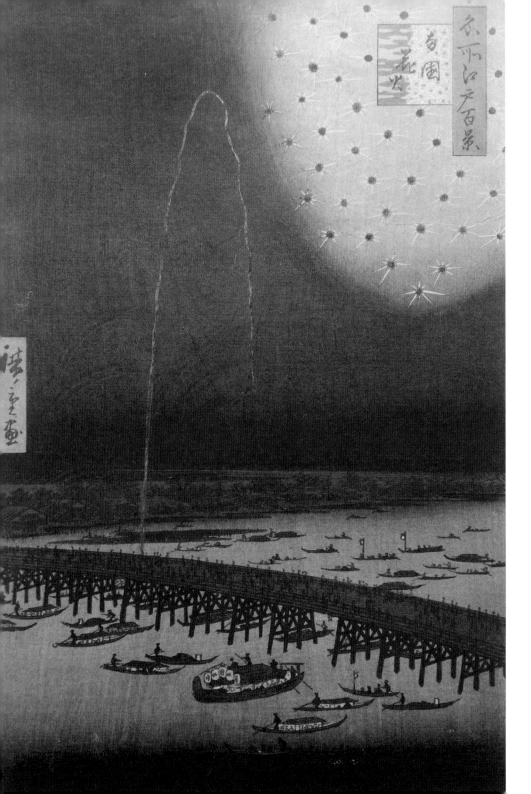

에도도쿄박물관 근처에는 호쿠사이미술관과 스모경기장인 국기관이 있어서 료고쿠両国 지역의 역사성이 더욱 빛난다. 에도시대부터 이곳 료고쿠의 강놀이 개시 축하 행사는 여름철 최고의 축제였다. 대개 한여름 토요일 밤을 골라 축제가 열렸고, 료코쿠 부근 요정이나 놀잇배가 주최하여 수백 발의 불꽃을 쏘아 올렸다. 당시 료고쿠 다리 위는 불꽃놀이를 구경하러 나온 사람이 가득했고 빙수, 초밥, 삶은 팥 등을 파는 포장마차屋台 등도 즐비했다 한다.[66] 이러한 즐거운 에도의 풍경 또한 다양한 우키요에에서 살펴볼 수 있다.

지금도 료고쿠역 주변은 전통적 번화가여서 근처 식당가에는 스모 체육관 선수들의 보양식인 창코나베를 파는 식당들이 화려한 광고판을 뽐낸다. 거대한 박물관 전시를 집중해서 관람하고 나면 왠지 모를 허기가 찾아오는데, 창코나베는 이 허기를 충분히 채울 수 있는 칼로리가 아주 높은 음식이다. 현재 에도도쿄박물관은 대규모 수선공사 중으로 휴관을 하고 있다. 2025년경 새로운 모습으로 개관할 예정이니 참고하기 바란다.

〈료고쿠 다리 위의 불꽃놀이〉(1858)

새해 참배행렬과
축제의 에도 마을,
몬젠나카초

새해 참배객의 행렬

에도시대부터 하치만 궁과 큰 절이 있어서 주변에 시장과 서민적인 마을이 정겹게 자리 잡은 몬젠나카초 門前仲町는 긴자 쪽 도심 주변과도 가까워 도쿄 시민이 선호하는 동네이자 도심 직장인들의 저녁 모임 장소로도 사랑받는 곳이다. 저녁이 되면 동네 사람과 직장인들이 아기자기한 골목길과 샛길 등 곳곳에 자리 잡은 식당이나 술집에 하나둘씩 모여드는 모습이 참 정겹다. 저녁 산책이 즐거운 이 동네에서 도쿄의 친구들과 술도 한잔하고 주변 정원에서 산책도 하고 미술관도 찾았다. 의외로 음식 값도 착해 차수를 더해가며 옮겨 다니며 술 마시는 재미도 있었다.

2023년 1월 첫 주, 서울 귀국 전 도쿄에서의 마지막 한 주를 이 동네의 대표적인 숙소인 리치몬드호텔에

서 지냈다. 메지로 집은 이미 정리했고 간단한 귀국 트렁크만 남은 참이었다. 마침 연초라 절이나 신사에서 새해 소원을 비는 사람들의 행렬이 끊이지 않았고, 오래된 시장에서는 활기차게 신년 영업을 하며 축제 분위기를 자아냈다. 체크인을 하고 호

텔 방 베란다 창문을 내다보니, 생각지도 않은 풍경이 공원에 펼쳐져 있었다. 절 앞에 차분하게 늘어선 길고도 긴 기도 행렬. 아, 이렇게나 많은 사람이 각자의 소망을 담아 새해를 기념하기 위해 줄을 섰구나. 호텔 숙소에 묵는 사흘간 이른 아침부터 늦은 밤까지 참배객과 사람들로 북적였다. 낮에는 조용히 줄을 서서 기도하고 포장마차에서 먹고 마시고 웃고 떠들고, 저녁에는 술집과 식당에서 이야기꽃을 피우며 다시 줄을 서서 신사에서 기도하고. 이 자리를 함께하며 새해의 맑고 희망찬 기운을 공유하려 하는 듯한 분위기가 느껴졌다.

저녁에 새해 기념 한정 메뉴인 에도마에스시 정식에 생맥주 한잔을 기울이며, 조만간 새롭게 펼쳐질 서울에서의 삶을 살짝 긴장하며 기대하고 축원해본다. 이제 서울의 많은 것이 달라 보이리라. 가깝고도 먼 이웃 도시, 도쿄에서 보고 느끼고 사람과 역사를 공부하며 생긴 새로운 시각으로 나의 세계와 일을 확장하고 싶다는 의욕이 샘솟았다. 유한한 인간의 시간 속에 매년 맞이하는 신년, 지금 우리가 할 수 있는 건 깊게 숨을 고르며 미래를 위해 꿈꾸고 무조건 경배하는 것뿐이다.

상점 곳곳에 담긴 새해 분위기

❶

오타기념미술관

太田記念美術館

Ōta Memorial Museum of Art

1 Chome-10-10 Jingumae, Shibuya City,
Tokyo 150-0001, Japan

http://www.ukiyoe-ota-muse.jp

---

❷

인쇄박물관

印刷博物館

Printing Museum

1 Chome-3-3 Suido, Bunkyo City,
Tokyo 112-0005, Japan

https://www.printing-museum.org

---

❸

에이세이문고

永青文庫

Eisei Bunko Museum

1 Chome-1-1 Mejirodai, Bunkyo City,
Tokyo 112-0015, Japan

https://www.eiseibunko.com

❹

키노센

紀の善

Kinozen

1 Chome-12 Kagurazaka, Shinjuku City,
Tokyo 162-0825, Japan

http://www.kinozen.co.jp

---

❺

치히로미술관 도쿄

ちひろ美術館・東京

Chihiro Art Museum Tokyo

4 Chome-7-2 Shimoshakujii, Nerima City,
Tokyo 177-0042, Japan

https://chihiro.jp/tokyo

---

❻

에도도쿄건축박물관

江戸東京たてもの園

Edo-Tokyo Open Air Architectural
Museum

3 Chome-7-1 Sakuracho, Koganei,
Tokyo 184-0005, Japan

https://www.tatemonoen.jp

세련된 도쿄에서 만나는 에도의 온기

시부야구 · 분쿄구 · 신주쿠구
네리마구 · 고가네이시

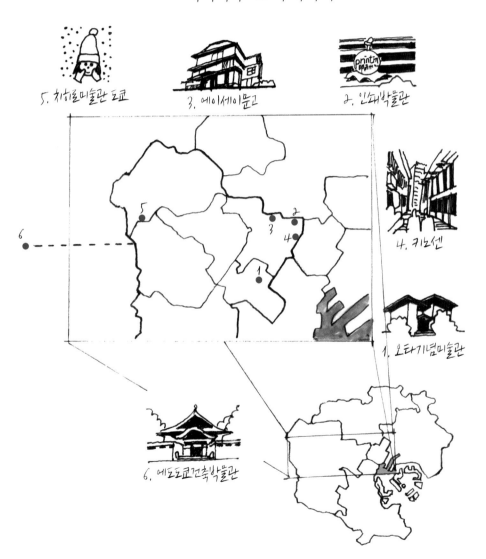

5. 치히로미술관 도쿄

3. 에이세이문고

2. 인쇄박물관

4. 키노센

1. 오타기념미술관

6. 에도도쿄건축박물관

오타기념미술관 太田記念美術館
패션 명품가에 깊이를 더하다

하라주쿠역부터 오모테산도역 주변에 걸쳐진 구역에는 에도시대의
서쪽 지방으로 가는 길에 여행자가 쉬고 가는 역참이 있었다. 그래
서 잘 숙宿 자를 써서 하라주쿠原宿라 불리는데, 세월이 지나 현재 이
곳은 도쿄 젊은이들이 몰려드는 도시의 대표적 관광지이기도 하다.
거리 중간에는 안도 다다오가 설계한 우아한 쇼핑몰인 오모테산도
힐즈가 있고, 아름다운 거리의 끝은 높다란 가로수와 기둥 문인 토
리이鳥居가 인상적인 메이지신궁으로 연결된다. 멋스러운 사람들이
굉장한 밀도로 움직이는 이 거리의 중간, 살짝 들어간 길 입구에 우
키요에를 주제로 한 고즈넉한 분위기의 미술관이 있다.

화려한 하라주쿠 거리

창립자 이름을 따서 만든 오타 기념미술관은 미술품 수집 외에도 전시와 학술 연구를 지원하는 우키요에 전문 사립 기억기관이다. 전 동방생명보험 회장인 오타 세이조太田清藏의 유지를 받들어 명품 패션거리인 하라주쿠 중심부에 세워졌다. 오타는 젊은 시절부터 미술에 조예가 깊어, 일본 풍속화가 서양미술관에서 높이 평가되고 인상파 회화에도 영향을 준 것에 영감을 받아 해외로 유출된 우키요에를 하

포스터를 활용한 미술관 안내

나씩 수집하기 시작했다고 한다. 그가 평생에 걸쳐 전 세계에서 수집한 우키요에는 현재 이 미술관의 든든한 문화자원이 되었다.

현재 약 1만 5,000점의 우키요에를 소장하고 있는 오타기념미술관은 기타가와, 호쿠사이, 히로시게와 같은 우키요에 대가들의 작품을 비롯해 우키요에의 초기부터 말기까지 그 역사를 망라한 광범위한 컬렉션을 보유하고 있다. 이 소장품을 기반으로 계절마다 독창적으로 큐레이션 주제를 발굴해 다양한 우키요에를 관람객에게 선보이고 있다. 그림에 대한 접근 방식과 주제 해석이 때로 놀랍도록

참신해서 젊음의 거리 하라주쿠의 문화적 가치를 더욱 빛낸다.

2021년 6월에는 메이지시대 문학작품이나 잡지에 실린 우키요에 작가의 작품 가운데서 여인들의 모습을 포착해 전시했다. 여름에는 '에도의 날씨江戶の天氣'라는 주제의 전시가 열렸는데, 봄의 벚꽃, 여름의 비와 장마, 가을의 단풍과 하늘, 겨울의 폭설과 연관된 다양한 우키요에 명작이 전시되었다. 2022년 봄에는 '에도의 사랑江戶の恋'이라는 주제로 순애, 비애, 위험한 사랑 등을 주제로 선별한 그림을 다루었다. 이 미술관은 큐레이터가 상세하고 친절하게 그림을 설명하는 유튜브 채널을 통해서도 우키요에에 대한 대중적 관심을 넓히며 소통하고 있다.[67]

'에도의 날씨' 전시 포스터

인쇄박물관 印刷博物館
인쇄물로 기록되는 아름다운 시간의 실체

인쇄박물관은 일본의 대규모 인쇄회사인 돗판인쇄
凸版印刷가 창립 100주년 기념사업으로 2000년에 설
립한 박물관이다. 인류의 역사를 인쇄출판과 기술
발전의 관점에서 살펴보며 인쇄문화와 관련한 다
양한 주제전시를 한다. 이곳에서는 지식문화사에
있어 인쇄가 차지하는 역할을 세계사적 시각으로
조망해볼 수 있다. 인쇄문화의 성과와 결과물을 사
회 변화와 더불어 살펴보는 종합전시는 물론 사전

인상적인 박물관 입구 로고

신청하면 인쇄 공방에서 활판인쇄 워크숍도 경험할 수 있다.
250년간의 대중적 인기 덕분에 우키요에는 판화로 정착되었고, 이
후 인쇄기술이 발전하면서 풍부한 기록과 그림 자료가 만들어졌다.
이곳 인쇄박물관에서는 이처럼 시대와 함께 변천한 우키요에의 흐
름을 살펴볼 수 있다. 시대가 바뀌면서 그 용도가 이후 점차 확대되
어 우키요에는 취미, 오락을 위한 출판물뿐 아니라 신문 등의 정보
지와 같은 역할도 수행했다. 이는 시민문화가 성숙해가는 과정에서

생겨난 자연스러운 변화였고, 대지진이나 화재 등 사회적으로 큰 변화나 위기가 발생했을 때도 사람들에게 이를 신속히 알리는 역할을 톡톡히 해냈다.

인쇄박물관의 상설전시는 우키요에 생산의 협업 과정, 메이지 초기의 이국적 빨간벽돌 건축물赤レンガ 그림과 신문 이미지 컷 등을 통해 근세에서 근대로 넘어가는 시점에서 우키요에라는 대중예술이 수행한 사회적 역할을 문화 출판사적 관점에서 통합적으로 큐레이션했다. 한 시대의 미적 감수성을 반영한 디자인을 통해 인쇄가 당대를 효과적으로 보여주는 좋은 매체임을 보여주는 전시였다.

참고로 돗판인쇄 본사 건물 1층에 자리 잡고 있는 이 박물관은 독특한 매력이 넘치는 도쿄의 대표적 정원 코이시카와 고라쿠엔小石川後楽園에서 도보로 10분 거리에 있다. 함께 거닌다면 도쿄의 오래된 동네인 분쿄구의 고즈넉한 분위기를 느낄 수 있을 것이다.

우키요에의 다양한 사회적 활용

올드타운의 고아함이 한눈에

1914년 발표한 나쓰메 소세키의 소설 『마음』에서 대학생인 주인공은 시골에 사는 위독한 아버지를 위로하려고 이렇게 말한다. "그런 약한 소리를 하시면 안 돼요. 이제 곧 나으면 도쿄에 놀러 가기로 하셨잖아요. 어머니하고 함께요. 이번에 가시면 아마 깜짝 놀라실 걸요, 엄청 변해서요. 새로운 전차노선만 해도 굉장히 늘어났으니까요. 전차가 지나면 자연히 거리도 변하고, 게다가 시나 구도 개정되고, 도쿄가 가만히 있을 때는 24시간 중에서 1분도 안 된다고 해도 될 정도거든요."[68]

이처럼 1910년대 중반 도쿄 사람들은 늘어나는 노면전차의 노선을 보면서 급격한 도시 변화를 체감할 수 있었다. 도쿄 사쿠라 트램이라 불리는 현재 도쿄의 마지막 노면전차가 달리는 도덴 아라카와센都電荒川線의 시작점이 바로 와세다역이다. 이 역 근처 와세다

정겨운 도덴 아라카와센

대학은 도시의 올드타운 권역에 위치해서 아날로그적인 분위기가 정겨운 오랜 역사의 사학 명문대학이다.

2021년 봄, 도쿄에 어렵게 입국해 와세다대학의 조그만 연구실에 자리를 잡고, 초기 한 달을 도지마구 이케부쿠로에서 지내며 마치 추억여행을 떠나듯 매일 정겨운 이 대중교통을 신기한 듯 이용했다. 구도심답게 와세다대학 주변 지역에는 에도와 근대시대의 다양한 문화적 기억의 흔적이 곳곳에 남아 있다.

그중에서도 에도의 분위기를 물씬 느낄 수 있는 장소로 에이세이문고와 히고호소가와肥後細川 정원이 있다. 에도시대부터 2차 세계대전 말까지는 규슈 구마모토의 유력한 다이묘였던 호소가와 가문이 살던 저택 부지였는데, 이곳을 전시실과 수장고로 활용하면서 1972년부터 대중에 공개해 박물관이 되었다. 이 박물관은 역대 당주가 수집한 예술 소장품을 정기적으로 큐레이션하여 전시하고 있다. 현재 호소가와 가문의 소장 작품은 구마모토 현립미술관과 도서관, 구마모토 대학도서관, 도쿄대학, 게이오대학, 도요분코 등이 제휴하여 기탁 관리하고 이를 시민에 공개하고 있다.

지천회유식 정원 구성

다이묘 저택 주변의 연못을 중심으로 한 지천회유池泉回遊* 식 정원과 티하우스는 현재 일반에 공개되어 세미나나 결혼사진 촬영 등 다채로운 만남과 행사의 장소로 활용되고 있다. 이 박물관은 매년 4회기에 걸쳐 공개전시를 하고 있는데, 2021년 가을에는 에도시대 대표 하이쿠 시인인 바쇼松尾芭蕉의 전시를 기획해 에도시대 전기 시인의 일대기와 작품, 바쇼의 글자체를 탐구한 연구자의 일대기와 연구 성과 등을 전시했다. 구도심에 위치한 이 장소들은 지역의 유력한 다이묘 집안의 문화적 자산이 기억기관으로 변모해 지역의 역사성과 문화예술의 수준을 높이며 훌륭한 휴식공간으로 살아난 좋은 사례라고 할 수 있겠다.

●
에도시대를 대표하는 일본의 전통적인 정원 조성법으로, 원형의 연못을 중심으로 모래, 소나무, 바위 등을 펼쳐서 정원을 꾸미는 방식이다. 연못 주변을 돌며 정원을 즐긴다.

긴 겨울 동지에 즐기는
일본식 단팥죽과 녹차 디저트

'시간은 동지冬至를 기점으로 새로 짜인다'라고 말하면 너무 거창한가? 1년 중 밤이 가장 긴 하루, 동지. 그날을 기점으로 점차 밝은 시간이 늘어나니, 어찌 보면 새로운 한 해의 시작점이 될 수도 있겠다. 나름의 방식으로 재미있게, 조금 더 일찍 새해를 느끼는 이런 방식의 생각이 꽤 마음에 든다.

넷플릭스에서 본 일본 드라마 중에 유능한 출판사 직원이 외근을 하다가 남몰래 디저트 순례를 하는 깜찍한 이야기가 있었다. 탐방 후에 블로그를 쓰며 벌어지는 만화 같은 에피소드가 인상적이었는데, 실제로 만화가 원작인 이 드라마의 제목은 〈세일즈맨 칸타로의 달콤한 비밀さぼリマン甘太朗〉이다.

어느 날 주인공 칸타로가 서점 영업을 마치고 찾아간 동네는 신들도 좋아한다는 카구라자카神楽坂. 이름마저 범상치 않은 지역에 위치한 녹차 디저트 음식점, '키노젠紀の善'. 이곳에는 동지에 먹는다는 단팥죽과 녹차로 만드는 각종 디저트가 있었다. 드라마에 언급된 동네는 내가 있는 대학과도 가까워 자전거를 타고 방문하기로 했다. 점심도 먹고 디저트도 먹을 요량이었다. 구글맵을 통해 찾아간 식당 안에 자리를 잡으니 조

간판도 예술

녹차 디저트

동지의 단팥죽

금씩 들어오는 사람들, 다들 뭔가를 기대하는 표정이다. 전통적인 방식의 서빙과 메뉴판 디자인을 보며 꼼꼼히 메뉴를 살펴본다. 함께 간 남편과 일단 한국 패밀리(!) 스타일로 음식을 골고루 주문했다. 식전에 단팥죽 하나, 메인 식사로 새우솥밥 하나, 후식으로는 그 유명한 녹차 디저트 하나 주문했더니 나름 풍성한 코스요리가 되었다.

참고로, 에도시대에는 상류계급만 얼음을 먹을 수 있었다. 홋카이도 남단의 도시 하코다테函館의 얼음이 메이지시대로 넘어가면서 특별히 인기를 모았고 이후 기계 제빙이 실용화되면서 저렴한 얼음이 대중에 보급되면서 한여름에 경험하는 얼음의 맛이 그 시대 사람들에게 많은

즐거움을 주었다고 한다.[69]

드라마 주인공 칸타로 상처럼 코믹하게 오버하며 먹을 수는 없었지만, 시간의 켜가 느껴지는 품격 있는 진한 단맛의 단팥죽과 담백하고 정갈한 솥밥 그리고 팔랑팔랑 쫀득한 말차 푸딩과 성긴 팥의 조합이 만들어내는 식감의 조화는 정말 말로 표현하기 어려운 행복감과 진한 맛을 선사해주었다. 함께 음식을 맛있게 나누는 모습을 흐뭇한 미소로 바라보는 중년의 직원분, 한국식 식사법이 정겨워 보여서일까? 그렇게 해석하고 싶어서 나도 미소로 화답한다. 참, 2023년 구글에서 확인해보니 이 식당은 현재 문을 닫았다고 한다. 맛과 멋이 있던 노포가 하나씩 사라진다는 건 참 쓸쓸한 일이다. 기억이 사라지기 전에 여기 단단히 붙들어 매놓는다.

치히로미술관 도쿄 ちひろ美術館 東京
천진한 마음에 한 뼘 가까워지기

치히로미술관 도쿄는 일본의 대표적 그림책 작가이자 화가인 이와사키 치히로松本知弘를 기념해 1977년에 세워진 사립미술관이다. 세상을 떠나기 전까지 22년 동안 살았던 예술가의 아틀리에 겸 자택에 당시 작업공간을 그대로 보존해 섬세하게 구성한 이 특별한 공간은 세계 최초의 그림책 작가 전문미술관으로 자리매김하고 있다. 2차 세계대전 당시 가해자의 입장에서 괴로워하면서 전쟁 종식에 관심이 많았던 치히로는 1946년에 일본 공산당에 입당한 특이한 이력을 가지고 있다. 이후에는 인권운동가로서 평화를 모티브로 한 꽃과 아이를 동양적 기법의 수채화로 많이 그렸는데, 우리에게도 치히로가 그린 『창가의 토토』 그림은 익숙하다. 현재 이 미술관의 수익금은 인권 활동을 위해 전액 기부되고 있다.

〈빨간 털모자를 쓴 여자아이〉

사랑스러운 미술관 입구

2021년 현재 미술관은 전 세계 35개국 211명의 작가의 작품 약 2만 7,400점을 소장하고 있으며 정기적인 큐레이션을 통해 전 세계의 그림책을 전시하고 있다. 2022년 여름에는 '에도에서 현재로, 일본의 그림책江戸から現在まで、日本の絵本'이라는 주제로 그림책이 걸어온 400년간의 역사를 시대별로 살펴보았다.

도쿄 네리마구에 위치한 이 미술관은 '치히로미술관이 있는 거리'로 마을에서 문화적 상징으로서의 역할도 하고 있다. 더불어 그림책

섬세한 작가의 손길이 느껴지는 서재　　　'에도에서 현재로, 일본의 그림책' 전시

　원화를 전시하는 공간 이외에도 작가의 정원이나 서재를 복원한 공간 또한 시민의 사랑을 받고 있다. 치히로미술관은 설립 20주년을 기념해 1997년 작가가 마음의 고향으로 여기고 잠시 살았던 나가노현 아즈미노^{安曇野}에 치히로미술관을 개관했고, 그곳은 현재 전 세계 그림책의 교류 협력 거점으로 자리매김하고 있다. 치히로의 사진과 작품을 보고 있자면, 그녀의 맑은 영혼이 고스란히 느껴지는 듯하다. 나중에 기회가 된다면 자연풍광이 좋고 우유도 맛있다는 아즈미노의 치히로미술관에도 꼭 가보고 싶다.

에도도쿄건축박물관 江戸東京たてもの園

일상에서 가까이 즐기는 문화

도쿄도 고가네이시^{小金井市}에 에도도쿄박물관의 분관으로 설립된 에도도쿄건축박물관은 일본의 역사적 건축물을 보존, 전승하기 위해 1993년에 건립한 도립 야외박물관이다. 에도시대에서 쇼와 중기시대(17~20세기 중반)까지의 역사적 가치가 높은 30여 채의 건축물을 이축, 복원해 당시 삶의 모습을 종합적으로 보여주는 장소다. 에도시대의 풍속을 알 수 있는 다양한 양식의 주택과 짚으로 만든 민가 그리고 상가, 목욕탕 같은 생활 편의시설은 물론이고 파출소 등 관공서의 모습까지 재현해 도쿄에 대한 더 깊숙한 이해를 돕고 상상력을 자극한다.

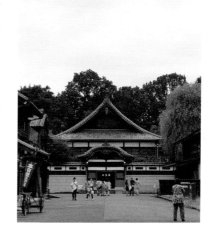

정교한 재연으로 몰입감이 강한 건물들

박물관 내 공중목욕탕 내부

2021년 여름 특별전으로 '대욕장전: 목욕탕의 역사와 문화錢湯殿:大浴場の歷史と文化'를 개최해 목욕문화의 중심공간이었던 공중목욕탕인 센토錢湯의 변천사를 보여주었다. 특별히 에도시대 목욕문화를 설명하는 데 욕장을 주요 소재로 한 우키요에를 잘 활용해 전시목적을 극대화했다. 에도인의 생기발랄하고 세련된 도시 생활을 잘 표현해낸 도리이 기요나가鳥居淸長의 1781년작 〈하코네 7개 온천명소箱根七湯名所〉 연작으로 당대 목욕문화를 엿볼 수 있었다.

특별히 17, 18세기에는 도시 건설공사가 오랫동안 이어진 터라 먼지 투성이 도시, 에도에는 돈을 내고 목욕탕에 들어가는 장사가 번창했다. 센토는 본래 '돈을 내고 들어가는 탕'이라는 뜻이다. 욕장에 남녀탕이 구분된 것은 1791년 에도막부가 남녀혼욕을 금지한 이후라고 하니[70] 세상 모든 것처럼 목욕문화도 참 많은 것이 바뀌었다. 당시 남탕에는 2층 객실이 설치되어 목욕 후 차를 마시면서 바둑이나 장기를 두며 휴식을 취할 수 있었다고 한다.

2022년 특별전으로는 자체 소장품으로 '시대를 통해 본 도쿄^{時代を通して見る東京}'전을 열었다. 보수공사로 휴관 중인 에도도쿄박물관의 역할을 이어가기 위해 기획된 전시로 도쿄의 역사와 생활사에 관한 전시였다.

특히 이 야외박물관은 광대한 규모의 도쿄 도립 고가네이공원^{小金井公園} 안에 위치해 시민들이 다양한 여가활동을 즐기며 박물관을 자연스럽게 둘러볼 수 있다. 건축박물관을 방문하려고 들어선 길 주변을 둘러싼 고가네이공원과 사람들이 빚어내는 풍경이 참 아름답다는 생각이 절로 든다. 이 드넓은 도립공원은 자연스럽고 매력적인 방식으로 시민의 일상과 맞닿아 있다.

국립역사민속박물관

国立歴史民俗博物館

National Museum of Japanese History

117 Jonaicho, Sakura, Chiba 285-0017, Japan

http://www.rekihaku.ac.jp

바토히로시게미술관

那珂川町 馬頭広重美術館

Nakagawa-machi Bato Hiroshige Museum of Art

116-9 Bato, Nakagawa, Nasu District, Tochigi 324-0613, Japan

http://www.hiroshige.bato.tochigi.jp

쿠사츠온천도서관

草津町温泉図書館

Kusatsumachi Hot Spring Library

377-1711 28, Kusatsu, Kusatsu-machi, Agatsuma-gun,
Gunma Kusatsu Bus Terminal 3F, Japan

https://www.kusatsu-onsen.ne.jp/category/detail/index.
php?c=2&g=0&kcd=41

---

❹

히메지성

姫路城

Himeji Castle

68 Honmachi, Himeji, Hyogo 670-0012, Japan

https://www.himejicastle.jp/en

도쿄 밖에서 만나는 에도의 풍류

지바현·도치기현
군마현·히메지

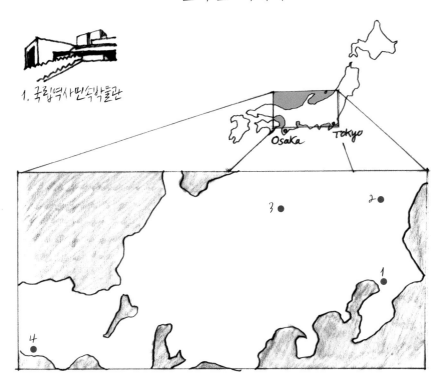

1. 국립역사민속박물관

Osaka   Tokyo

2. 반도히로시게미술관

3. 쿠사츠온천도서관

4. 히메지성

국립역사민속박물관 国立歴史民俗博物館
내일은 불확실해도 오늘을 아름답게

'화재와의 싸움은 에도의 꽃'이라는 말이 유행할 정도로 당시 화재
는 일상적 재난이었다. 한번 불이 나면 그야말로 도시를 집어삼키
는 '불꽃'이 되었다. 도쿄의 아래쪽 마을이라는 의미의 시타마치^下
^町는 엄격한 신분제를 유지했던 그 시대에 하위계층이 살던 곳으로
목조가옥이 빼곡하게 들어서서 연중행사처럼 대형 화재가 자주 발
생했다.[71] 도쿄 근처 지바현 역사지구에 있는 국립역사민속박물관
에서 2021년에 열린 여름전시인 '황작문고 소장 메기그림의 상상력
黄雀文庫所蔵 鯰絵のイマジネーション'은 당시 우키요에를 통해서 바로 이 에도의
화재와 지진을 바라본다.

에도의 화재

'황작문고 소장 메기그림의 상상력' 전시 포스터

이 전시에서는 안세이 2년(1855)에도 지진 직후의 피해 상황과 화재를 소재로 그려진 우키요에 개인 컬렉션인 황작문고를 최초로 공개했다. 끊임없이 삶을 뒤흔드는 지진을 당시 에도 사람들은 거대한 메기 괴물로 형상화했는데, 이는 예부터 지진이라는 현상이 땅 밑에 사는 메기가 요동쳐서 발생한다고 믿었기 때문이다.

19세기 중반 간토지방의 지진(진도 8.4)* 때는 엄청난 홍수도 일어났는데 세상의 종말을 보는 듯한 풍경이었다고 한다. 이 자연재해의 규모는 당시 다색인쇄의 우키요에로 전국에 전해졌고, 이 그림들은 수백 년 동안 전쟁 없이 평화롭게 지내던 에도 사람들에게 지진이

*간토대지진(1923년)이 진도 7.9였으니 당시 지진은 아주 심각한 수준의 사건이었다.

나팔꽃 전시 포스터

여름철 꽃놀이가 생각나는 나팔꽃 전시물

얼마나 큰 자연재해이고 일상의 불안과 공포였는지를 보여준다. 당시 불행과 불안에 빠져 있던 사람들에게 '메기 그림'은 역설적으로 큰 인기를 누렸다고 한다. 때로 지진 메기는 악덕 상인을 은유하는 메기 남자로 바뀌어 그려져 세태 풍자에 활용되기도 했다. 지진으로 무너진 도시를 재건하는 일꾼인 목수와 상공인 등이 신흥 부자가 되는 등 부의 변천사에 대한 풍자화도 흥미롭다.

도쿄 외곽의 넓은 부지에 자리한 이 박물관은 다양한 상설전시와 시기별로 구성된 내부 소장품 전시 외에도 생활식물원暮らしの植物苑을 활용해 에도시대를 입체적으로 전시해 보여준다. 2022년 여름철에는 일본인이 에도시대 때부터 즐겨 키우고 좋아하는 나팔꽃 전시를 했다. 정성 들여 키운 많은 종류의 나팔꽃을 다채롭게 전시하여 에도시대 여름철 꽃놀이를 연상케 했다. 거대한 재앙과 재난 등 불확실한 삶의 여건 속에서도 지금, 오늘을 잃지 않고 무더위 속 풍류와 멋을 즐기던 근세인의 여유를 느낄 수 있다.

계절마다 피어나는 꽃,
우리 삶도 꽃만 같아라

일본에 사는 동안 더 계절에 민감해졌다. 달마다 피는 꽃이 미세하게 달라지고, 다양한 규모의 상점, 마을의 공원, 정원, 집집과 길에 나름의 방식으로 피어나는 색색의 꽃들이 도시를 풍성하게 만든다. 절, 신사, 정원은 저마다 자부심을 갖고 꽃을 가꾸고 그와 관련된 축제를 연다. 이 모든 풍경은 해마다 찾아오는 계절과 찰나의 삶을 민감하게 느끼게 한다. 오래전부터 내려온 소소하지만 견고한 생활문화가 오늘의 일상을 풍요롭게 가꿔줄 수 있음을 깨닫는다.

9/9 에도시대 국화축제전

에도시대부터 내려오는 계절감은 이곳 일본에서 아직도 유효한 듯하다. 절기마다 바꾸어 피어나는 꽃으로 거리를 장식하고 꽃을 예찬하는 축제를 하고, 반딧불을 채집하고 달구경을 하며, 단풍을 주워 모으고, 눈 쌓인 경치를 바라보는 여유와 생활 감각은 독특한 방식으로 아날로그적 감성을 자극한다. 2월의 매화, 3월의 벚꽃, 4월의 철쭉과 모란, 5월의 장미와 등나무꽃, 6월의 창포와 수국, 7월의 수련, 8월의 라벤더, 9월 가을 장미, 10월과 11월 단풍과 가을 들꽃, 12월과 1월의 분홍색 동백과 오렌지 나무(겨울에 특히 예쁘다)를 비롯해 계절마다 그에 조응하는 음식과 디저트를 만들고 옷 디자인과 커튼의 색도 바꾼다. 이렇게 사람들은 각자 나름의 방식으로 삶의 운치와 개인적 생활기억을 채색한다.

도쿄의 무더운 여름날에는 화려한 꽃이 많이 나는데, 그중에서도 유난히 나팔꽃이 눈에 많이 띈다. 도쿄 오기전에 읽었던 히가시노 게이고東野圭吾의 소설 『몽환화』에는 우에노

봄이면 철쭉과 모란 축제가 열린다

근처의 실제 지명인 이리야^{入谷}시 나팔꽃 축제 장면이 나온다. 매년 꽃 축제를 함께 보고 장어요리로 마무리하는 가족 행사에 마지못해 나온 주인공 소년이 축제에서 낯선 소녀를 만나면서 이 소설의 신비로운 이야기는 시작된다. 매년 6월에서 7월 초 열리는 나팔꽃 축제는 에도시대부터 시작되었는데 그 시기가 되면 거리의 모든 군고구마 장수들이 일제히 빙수 장사로 옷을 갈아입었다고 한다.[72]

아침이면 더욱 반짝이는 선명하고 청량감 넘치는 다양한 색의 움직임. 나팔꽃에 왜 '아침의 얼굴'이라는 뜻의 아사가오^{朝顔}라는 이름을 붙였는지 알 것 같다. 그런데 우키요에

의 거장 히로시게는 여름밤 노니는 남자들을 밤빛에 잠긴 아사가오와 함께 그려낸다. 밤빛을 담은 나팔꽃은 묘하게 음산한 기운을 내뿜는 듯도 하다. 어쩐지 서늘하게 느껴진다. 유튜브에 'asa gao'를 검색해보니 일본 파이로트^{pilot} 사의 이로시주쿠^{Iroshizuku} 잉크 중 Asa-gao색을 테스팅하는 동영상이 나온다. 컬러 네이밍이 참 탁월하다. 서늘한 블루를 아사가오로 표현해내다니. 만년필에 집착하는 사람이라면 아사가오는 잉크색 이름으로 더 익숙할 듯하다. 같은 이름, 다른 맥락, 도쿄의 여름이 에도시대의 꽃, 아사가오와 함께 흐르고 있다.

바토히로시게미술관 那珂川町 馬頭広重美術館
건축으로 그려낸 미술

고흐의 우키요에 사랑은 각별했다. 〈탕기영감의 초상$^{Le\ Père\ Tanguy}$〉의 배경처럼 실제로 우키요에를 그대로 모사한 작품이 있을 정도다. 구도, 투시도법, 표현방식 등 당시 유럽 화단에 자포니즘이 준 영향은 지대했다. 특히, 풍경을 있는 그대로 표현하려는 인상파 화가에게는 비와 바람을 극적으로 표현해내는 우키요에의 과감한 기법이 많은 영감을 줬다고 한다.

우키요에의 양대 산맥으로 호쿠사이와 히로시게를 꼽는다. 이 두 거장을 기리는 미술관이 일본 각지에 여러 곳 있다. 도쿄 시내 호쿠사이미술관에 이어 이번에는 현재 일본의 대표 건축가인 구마 겐코가 설계한 도치기현 나카가와마치의 바토히로시게미술관에 갔다. 남편과 함께 도쿄에서 자동차로 두 시간 넘게 달리니, 구마 겐코가 해석한 히로시게의 세계가 그곳에 있었다.

이 미술관은 도치기현 사쿠라시 출신의 사업가 아오키 후지사쿠^{青木藤作}가 히로시게의 육필화와 판화를 중심으로 수집한 아오키컬렉션을 기초로 2000년 11월 개관했다. 아오키의 유족은 컬렉션을 종합적으로 소장하고 전시할 장소를 고심했고, 선택한 곳이 마을의 핵심적 문화시설로서 지역 활성화에 기여하며 문화적 네트워크의 중심이 되기를 희망했다. 2020년 개관 20주년을 기념해, 컬렉션 중에서 히로시게의 육필화나 고바야시 기요치카의 판화, 가와무라 키요오^{川村淸雄}(1852~1934)의 유화 등 미술관이 소장하는 최고의 작품을 소개했다.

히로시게의 예술과 조응하듯 전통적이면서 차분한 콘셉트로 지어진 미술관의 부지는 오래전에는 향교였다. 그리고 얼마 전까지는 담배공장이었다. "겐코는 아마도 부지 뒤편 신사로 이어지는 산길, 이전의 향교 또는 연초공장의 단순한 풍경을 그대로 보존하고 싶었던 건 아니었을까? 건축가 세지마가 호쿠사이의 고향인 도쿄 스미나구료고쿠에 반짝이는 보석 같은 건물을 지었다면, 구마 겐코는 오랫동안 익숙해진 시골 풍경을 그대로 자연스럽게 이어가고 싶었던 것 같다. 이는 대단한 겸손함이다. 아니, 더 높은 차원의 자신감이고 히로시게에 대한 존경의 표시라고 하겠다."

건축설계를 하는 남편의 말처럼 땅의 역사, 지세와 풍경을 존중하려는 건축가의 신중함에 찬탄을 금할 수 없었다. 게다가 히로시게의 '명소강호백경' 가운데 대표작인 〈다리에 갑자기 쏟아진 소나기^{大はしあたけの夕立}〉를

뒤편 신사와 자연스레 연결되는 입구

차분하게 연결되는 입구 　　　　　소나기를 오마주한 느낌의 내외장재

떠올리게 하는 버티컬 블라인드 모양의 내외장재는 거장 히로시게
에 대한 건축가의 오마주로 생각할 수밖에 없었다. 그뿐 아니라 철
저히 지역에서 생산되는 목재, 삼나무를 불연 및 방부 처리해서 지
붕과 내외장재로 사용했다. 미술관 내부 벽면에도 지역 특산품인
일본식 한지和紙를 사용했다고 한다. 일본이 자랑하는 건축가 구마
겐코는 지역에서 나는 자연재료를 주재료로 삼음으로써 예술가가
그려냈던 끝없이 변모하는 자연을 표현하고자 했다. 실제로 지붕에
사용된 목재는 이미 바래고 부식되어가고 있었다. 아마도 어느 정
도 시간이 지나면, 초가지붕처럼 다시 지붕을 새로 이어야 할 것이
다. 역시, 구마 겐코의 '약한 건축', '가벼운 건축'이다. 그의 깊은 건
축 철학이 우키요에 거장의 작품과 함께 더욱 빛난다. 건축가가 예
술가로 느껴지는 곳이다.

쿠사츠온천도서관 草津町温泉図書館
문인들의 온천휴양을 위한 특별한 공간

온천의 나라라는 명성에 걸맞게 일본에는 전국적으로 약 3,000여 개에 이르는 온천 지역이 있다. 그중에서도 특히 쿠사츠, 아리마, 게로 온천을 일본의 3대 온천으로 꼽는다. 이 가운데 자연 용출량이 가장 많은 곳으로 알려진 쿠사츠 온천은 지명부터 특이하다. 온천 특유의 강렬한 유황 냄새 때문에 지독한 냄새가 나는 물이란 뜻인 일본어 쿠사미즈臭水에서 유래됐다고 한다. 도쿄에서 두 시간 거리에 있는 나가노현와 군마현 경계선에 있는 쿠사츠 지역은 오래전부터 문인들이 찾던 휴양 온천지역이다. 에도시대 쇼군 도쿠가와 이에야스 외에도 8대 쇼군인 도쿠가와 요시무네도 이 온천을 무척이나 마음에 들어했다고 한다.[73]

쿠사츠 온천의 중심지에 있는 유바타케湯畑를 보면 오랜 역사를 거치는 동안 많은 사람이 왜 그토록 쿠사츠 온천을 가보고 싶어 했는지를 알 수 있다. 55도의 뜨거운 유황 온천수가 하루에 30만 드럼이나 솟아나니 말 그대로 '온천 밭' 또는 '온천 폭포'가 아닐 수 없다. 바로 이 지역에 온천을 주제로 한 전문도서관이 있다. 군마현의 쿠사

유바타케를 구경하는 사람들

츠 온천을 방문하기 위해 거쳐야 하는 쿠사츠역에 위치한 곳, 바로 쿠사츠온천도서관이다. 마을 중심부 버스터미널 2층에 위치해 쿠사츠 관광객의 첫 번째 정보 관문이자 주민을 위한 지적·문화적 사교 장소로서 역할을 한다. 마을 공공도서관 역할도 하고 오래된 온천 지역의 역사와 자부심이 느껴지는 다양한 기록과 박물을 통합적으로 모아 전시하고 있다.

이곳은 12세기 말 가마쿠라 막부시대부터 개발된 오래된 온천마을의 역사를 알 수 있도록 지역의 고지도와 역사적 사진을 상설 전시하고 있다. 더불어 뜨거운 온천물을 식히기 위한 전통적 방식인 유

노동요와 함께하는 유모미

모미^{湯もみ}에 관한 사료와 공연 정보 등을 함께 전시했다. 쿠사츠온천 도서관은 온천에 관한 최신자료와 과거 지역의 향토자료를 잘 모아놓은 입체적인 정보 저장소이자 아카이브이다.

온천과 도서관을 함께 그려놓은 노렌^{のれん}(출입구에 쳐놓은 발)도 정겹다. 혹시나 이 지역에 오래 머물며 휴식을 할 수 있다면, 지적 놀이와 안식을 동시에 취할 수 있겠다. 문득 눈 쌓이는 계절, 벗과 함께 쿠사츠 온천에서 쉬며 조용히 사케 잔도 기울이고 싶다.

이름도 우아한
에도의 히메지성

사실, 교토에서 마무리하는 여행 일정에 히메지성을 포함시켰던 건 아니었다. 일본에 오래 산 친구가 가볍게 툭 던진 말 한마디가 우리를 그곳으로 이끌었다. "일본의 수많은 성에서 꼭 한 곳을 간다면, 당연히 히메지지."

외국인을 위한 JR패스도 없는 오사카행 신칸센, 그 비싼 대중교통을 타면 의외로 쉽고 빠르게 갈 수 있는 성, 히메지. 이 도시의 모든 인프라를 이 성으로 집약시키려는 듯, 역에서부터 시원하게 뻗은 도로가 선명하게 히메지성으로 향하고 있었다.

이 성은 일본에서 최초로 유네스코 세계문화유산에 등록된 국보다. 천수각(성 건축물에서 가장 크고 높은 누각)이 국보인 성은 히메지성을 포함해 마쓰모토성, 이누야마성, 히코네성, 마쓰에성 등 다섯 곳뿐이고, 특별히 히메지성은 그중 가장 온전히 보존되어 일본 제일의 명성 名城으로 불리고 있다. 이런 평판답게 히메지라는 도시는 확실히 이 우아한 자태의 성을 중심으로 구성되었다. JR히메지역에서 성까지 거리가 흡인력 있게 뻗어 있고, 살짝 건조할 수 있는 성 투어는 성 바로 옆 정원인 호고원 好古園으로 촉촉하게 마무리된다. 호고원은 일본풍 정원

정원에서 만난 그림 같은 뒷모습

만남의 장소, 히메지성 앞마당

정원의 다도 프로그램

을 고스란히 재현해 그 시절의 감성
을 더한다. 정원에서 품격 있게 다
도를 체험할 수 있는 다실과 체험
프로그램도 아주 훌륭하다.

축성 시기는 전국시대로 추정하고
있으나 17세기 초에 지금의 모습으
로 완성되었고, 현재는 당시 다이
묘의 권위를 확인할 수 있는 높은
천수각까지 걸어 올라갈 수 있다.
1618년 제2대 쇼군 도쿠가와 히데
타다德川秀忠의 딸인 센히메千姬와 혼
다 다다마사本多忠政 아들의 결혼을
계기로 일부 구역을 정비하면서, 성

의 대부분이 완성되었다. 히메지는
에도시대부터 도쿠가와 막부의 중
추였던 에도 지역으로 통하는 중요
방위거점 중 하나였다. 따라서 우아
한 외관과 다르게 내부는 본래의 건
축 의도를 반영한 듯, 다양한 공격
을 대비한 복잡하고도 삼엄한 구조
로 이루어져 있다. 전쟁 준비 속에
구현된 아름다운 건축미에서 왠지
비장미가 풍긴다.

다행히 2차 세계대전의 공습 속에
서도 소실을 면하고 기적적으로 살
아남아, 현재는 휴식과 사색, 여행
의 장소로 많은 사람의 사랑을 받고
있다. 유료로 들어가는 성 입구에
펼쳐진 넓은 열린 공간은 추억을 위
한 사진 스폿과 다양한 만남의 장소
로 애용된다. 인근에 히메지시립미
술관도 있어 과거와 현재의 문화유
산이 공존하는 공간에서 위대한 일
상을 빚어내는 사람들의 멋진 풍경
이 만들어진다. 벚꽃이 흐드러지게
필 무렵, 무심하게 다시 오고 싶은
곳이다.

VII

어제를
기억하고 되살리며
오늘을 산다는 것

시간이 갈수록 변화의 속도가 빨라지고 있다. 어제를 기억하기보다 내일을 미리 살아내느라 날마다 각기 다른 이유로 분주하다. 매일 새로 쌓이는 것들을 따라가느라 때로는 숨이 가쁠 지경이다. 하지만 탄탄한 기반이 없으면 모래 위의 집처럼 모든 것이 금세 허물어져버릴 수도 있다는 것을 우리는 안다. 다가올 미래를 더욱 튼튼히 하기 위해서는 우리에게 남은 문화유산을 어떻게 가꾸고 그 안에서 무엇을 새로이 해나갈지를 생각해야 한다. 새로운 것을 향해 마구 달려가기보다 때로 천천히 사유할 시간이 우리에게는 필요하다. 더욱 다채롭고 풍요로운 미래를 위해 과거의 유산을 어떻게 오늘에 녹여내고 도시의 매력을 키우는 데 활용할 수 있을지 이번 장에서 그 힌트를 발견해보자.

에도시대가
우리에게 해주는 이야기

에도시대가 만들어낸 대중적 풍속 회화인 우키요에는 대중의 꿈과 관심사를 반영해 대량으로 유통된 예술, 일종의 근대 일본의 팝아트라고 할 수 있다. 우키요에는 에도시대 서민을 화폭의 주역으로 담으면서 서민계급의 독자적 회화 양식이 되었다. 목판인쇄에 따른 복제판화 방식 덕분에 쉽게 대중적으로 공급할 수 있었고, 수백 년간 일상의 예술로 자리 잡을 수 있었다. 또한 당대의 다양한 풍속을 묘사했기에 시대를 알 수 있는 민속적 자료로도 역사적 의의가 있다. 더불어 에도시대 후기에는 보다 감각적인 색채기법을 발전시키면서 유럽 미술과 교류하며 세계미술사적으로도 많은 영향을 미쳤다.

그 외에도 우키요에는 풍부한 스

우타가와 도요쿠니歌川豊国**가 그린 스모 선수 〈운류 히사키치〉**

토리텔링이 가능해 기억기관 관점에서 보면 현재에도 다양한 확장 전시가 가능한 미술적 테마라고 할 수 있다. 무사, 미인, 명소, 야쿠샤(배우) 등에 대한 브로마이드 포스터 역할뿐 아니라 죽은 이를 추모하기 위한 그림, 다양한 예절 범례를 다룬 서적, 원예나 분재, 요리, 다도 등 실용 취미서 등 우키요에는 다방면으로 활용되며 시민

히로시게의 '명소에도백경'

의 삶 속에서 애용되었다. 이에 따라 현재적 관점에서도 우키요에 원작 콘텐츠를 기반으로 한 창의적이고도 입체적인 큐레이션 전시 구성이 가능해진다.

가쓰시카 호쿠사이의 후가쿠36경富嶽三十六景, 제국폭포순례帝国滝巡, 우타가와 히로시게의 도쿄명소東都名所 시리즈, 도카이도53역참東海道53次*, 명소에도백경名所江戸百景 등은 당대의 대표적 풍경과 에도풍의 멋을 느끼게

에도의 니혼바시에서 서쪽으로 바다를 끼고 교토에 이르는 길. 에도막부는 이 길 주변의 땅을 신뢰할 수 있는 부하들에게 영지로 하사하고, 도중에 53개의 역참을 설치하였다. 히로시게는 왕실에 말을 진상하는 행사요원 중 한 사람으로 참가하여 도카이도를 여행할 기회를 얻었고 이 여행길에서 묘사한 스케치가 이후 명소 시리즈 제작의 원천이 되었다고 한다.

하는 역사적인 판화 연작이다. 이 시리즈는 '순례'를 핑계 삼아 여행을 다녔던 에도 후기 삶의 변화와 대중적 요구를 반영해 풍부하게 제작되었다. 더불어 뒤이어 근대시대의 우키요에 작가들도 빠르게 변해가는 수도 도쿄를 풍경으로 한 신도쿄백경新東京百景 등을 제작함으로써 장소성에 근거한 근대적 미술작품을 많이 생산하였다.

현재 기억기관이 많이 소장하고 있는 에도와 근대 풍경은 현재의 장소를 그림 속에서 확인하고 이곳을 낯설게 보며 역사적으로 상상토록 하는 문화적 장치로 활용된다. 도시를 탐구하고 문화적으로 확장하려는 노력 속에 우키요에 전시기획은 다양한 주제적 접근을 시도하며 다채로운 결과를 만들어내고 있다.

도쿄 명소(장소, 건물, 다리, 산, 강)와 연결된 우키요에 전시 큐레이션은 다각적으로 '우리의' 장소를 연구하고 탐구할 수 있게 해주고, 관련된 대중교육을 위한 창의적인 콘텐츠를 만들고 아이디어를 구상하는 데 기여한다. 큐레이션 대상은 명소와 같은 구체적인 대상을 넘어 좀 더 추상적이거나 일반적 개념으로도 진화할 수 있다. 바라보는 대상(미인, 동물, 꽃, 식물,

스미다 호쿠사이미술관 전시 포스터

에도시대 우키요에처럼,
우에노공원

사물), 흔히 생각하는 낯익은 추상적 개념의 대비(패자와 승자, 행복과 불행, 사랑과 이별, 공포와 환희), 시각 또는 시점(근경과 원경, 때로 하늘의 매의 시선으로, 이를 바라보는 작가의 눈으로), 라이프스타일(예법 및 생활도구, 의식, 가부키, 스포츠, 여행, 신의 숭배 등), 자연(날씨, 눈과 비, 달)*과 연관되는 상황, 계절(절기 관련 풍경이나 풍습), 재해(지진, 화재, 수해, 전쟁) 등으로 확장될 수 있다.

수많은 대상에 대한 비교법적 안목(에도시대와 메이지시대의 작가 비교, 인상파 작가와의 교류 및 영향력 비교, 문학·애니메이션 작품과 연계, 취미의 대조)을 활용한 기획은 현시대와 연결된 삶의 주제를 다양한 방식으로 변주하여 독창적인 전시를 시민에 제공한다. 이를 통해 에도시대는 오늘날을 살아가는 사람들에게 잊힌 근세가 아니라 지금 현재와 연결되어 끊임없이 재해석된다. 이렇게 과거 역사와 문화 인식의 폭은 확장되어 간다.

●
우키요에 주제 시리즈 중 '100가지 달의 모습(月百姿)'은 작가들이 선호하는 대표적 주제 컬렉션이다.

재현되는 우에노의 에도 소나무

일상에 살아 숨 쉬는
우키요에

국가 또는 민간 차원에서 우키요에 연구 및 출판사업을 국내외적으로 지원하는 프로젝트가 진행되고 있다. 일본 내 대표적인 우키요에 전문 연구기관인 오타기념미술관은 매년 신진 우키요에 연구자를 양성하기 위한 연구조성사업을 공모한다.[74] 스미모토(住友) 문화재단은 일본에 대한 아시아국가의 이해를 높이기 위해 일본 관련 연구조성사업을 조성하여 큰 규모로 진행하고 있으며 일본의 문화브랜드를 심화하는 작업을 수행하고 있다.[75] 그 외 각 지방자치단체 소속 역사관이나 대학도 우키요에 관련 줌ZOOM 강의[76]나 큐레이션 실습 등을 기획해 지속적으로 운영함으로써 일반 개인의 문화적 창

정원건축 시민강의, 메지로정원

의성 함양과 에도시대 도시에 대한 교양을 높이는 데 도움을 주고 있다.

미술 서적 출판에 있어 우키요에 관련 그림 이외에도 기모노 등 전통 디자인 패턴을 통해 본 에도시대 예술 관련 전시회와 서적 출판[77]이 눈에 띄며, 특히 인상주

의 화가들의 작품집이나 소개 책자 등에서 우키요에의 영향력을 집중적으로 조망하는 서적이 많다고 할 수 있다. 이 중 긴 호흡으로 출간되는 기획 총서는[78] 풍부한 이미지와 함께 영어를 병기함으로써 일본어를 모르는 외국인도 해당 주제에 관심만 있으면 쉽게 접근해서 관심 영역을 확장하고 탐구할 수 있도록 구성되어 있다. 또한 해외에 널리 퍼져 있는 우키요에 관련 연구를 활용해 관련 기관과 협력하여 해당 컬렉션을 전시하는 전람회[79]도 정기적으로 기획하고 있다. 이와 같은 전시는 현재의 관점에서 일본 우키요에의 국제적 위상과 관심을 높이고, 도쿄의 문화적 브랜드 가치를 제고하는 역할을 한다.

더불어 우키요에를 기반으로 한 테마는 건축, 예술, 디자인 서적 발간으로 확장되는 경향이 있다. 『일본의 배색』[80]이라는 책에서는 각 색상이 다양하게 적용된 우키요에를 분석한다. 이렇게 건물, 그림,

매력적인 서점에서 발견하는 우키요에

대중잡지에 만나는 근대 건축가

도쿄를 탐구하는 대중잡지,
「동경인」

도자기, 기모노, 포장 디자인 등에 드러난 우키요에의 이미지에서 일본 고유의 색상이 어떻게 구현되었는지 분석하는 연구 작업은 일본이 해당 예술 양식을 통해 자국의 문화적 상징성을 도출하고 이를 쉽게 전파하려는 노력으로 드러난다. 더불어 프랭크 로이드 라이트 등 일본 문화와 관련이 있는 서구의 유명 건축가나 지식인에 대한 연구자료는 「동경인^{東京人}」처럼 대중잡지를 통해서 읽기 쉬우면서도 깊이가 있는 콘텐츠로 출판되고 있다. 이런 에도시대에 관한 저술이 미술관 전시숍에 비치되고, 화려한 도판의 책들이 네크워크로 긴밀하게 연결된 각 지역의 도서관과 서점 등 문화 접점에 일상적으로 전시되어 시민들의 생활 동선에서 만날 수 있다는 점은 눈여겨볼 만한 포인트라 하겠다.

더 멀리, 더 넓게
퍼져가는 문화

일본은 내국인뿐 아니라 외국인을 대상으로 한 관광업을 개발하는 노하우가 오래전부터 발달한 나라이다. 도쿄의 옛 모습인 에도를 다각적으로 홍보하는 한편 영어권 관광객을 대상으로 한 자료에서도 스시寿司를 에도시대의 대표적 음식으로 설명하면서 '에도'라는 단어를 친숙하게 노출한다. '에도마에江戸前 스시'라는 이름이 붙은 음식은 도쿠가와 에도막부 시대에 발전해서 오늘날 일반적 음식이 된 니기리(손으로 밥을 쥐어 만드는) 방식으로 만든 스시를 뜻한다. 여기서 에도마에란 원래 지금의 도쿄 치요다구에 있는 에도성의 제일 높은 곳에 오르면 앞에 보이는 강과 바다를 뜻한다. 외국인들이

에도마에 스시

하네다공항 내 에도음식거리

에도시대부터 유행했던 취미, 분재

익히 아는 일본 음식, 일본 하면 떠오르는 대표적인 음식이 에도마에 스시인 것이다. 일본의 다양한 기억기관은 음식 이외에도 다도, 분재, 정원 가꾸기 등 개인의 취향과 취미, 라이프스타일을 반영하는 문화생활을 이전 시대와 연결해 설명하고 확장하여 전시한다.

일본은 우키요에에 언급되는 에도, 즉 도쿄의 현재 모습을 에도의 문화적 기억자산 등을 활용해서 출판하고 과거 속의 도시 이미지를 현재화하는 작업을 이어나가고 있다. 우키요에 속에 묘사된 지역 명소 찾기로 관광 및 전시프로그램을 개발하고, 에도시대 그림이나 이미지는 문화홍보 차원에서 지역의 각종 표지판이나 지도제작에 주요 요소로 활용된다. 민간에서는 취미 확장이나 음식 메뉴 개발 및 포장, 상점의 셔터와 패션 소품 등에서도 우키요에 디자인을 적극적으로 적용하고 있다. 큐레이션 전시에서는 다양한 콜라보 작업이 가능한데, 전통적 주류회사와 연계해서 한정판 우키요에 디자인의 술을 생산하는 등 민간과 공공이 매우 유연하게 협업하는 모습을 발견할 수 있다. 이와 같은 시도는 시민과 관람객의 관심과 호응을 불러일으키고, 우키요에를 오늘의 눈으로 바라보며 풍부하게 해

셔터에도 문양을   가무극 노 공연장에서 파는 향 세트

석하며 의미를 발전시킬 수 있는 여지를 제공해 관련 문화 콘텐츠로도 진화하고 있다.

또한 우키요에는 에도시대의 산물이지만, 이 미술 장르를 메이지시대, 다이쇼시대 등 근대와 연결해 연속된 흐름을 만들어 이를 근대 문화 자산으로 확장하여 활용하려는 시도도 보인다. 특히 메이지와 다이쇼 시대는 일본이 서양건축을 적극적으로 받아들여 이른바 '붉은 건축'으로 대변되는 레트로풍 근대건축물이 도쿄를 비롯한 일본의 대표도시에 본격적으로 지어진 시기였다. 현재까지 남아 있거나 복원된 이 역사적 건물에 우키요에 작품을 큐레이션하여 전시

근대와 현대가 함께하는 요코하마 거리

하는 행사를 확대하면서 이 대중미술은 일본을 상징하는 대표적 문화자산으로의 역할을 하고 있다. 100년 이상을 이어온 다양한 분야의 일본 회사들 역시 회사 홍보를 위한 플레그숍과 사설 갤러리, 팝업스토어를 운영하면서 그들의 사업 영역과 연관된 우키요에를 발굴하여 수집, 전시하는 작업[81]을 진행하고 있다.

세계사적 문화 충돌과 교류 속에 국제적으로 높은 인지도를 획득한 우키요에를 현재의 일본은 창의적 큐레이션 전시기획으로 다시 한번 일본 문화 가치창출에 활용하고 있다. 일본 문화를 기억하도록 하는 독특한 방식을 만들어내고, 이를 통해 일본의 수도인 도쿄를 풍부하게 해석하게 하며 도시 브랜드화한다. 이와 같은 콘텐츠는 다른 예술 양식과 융합하면서 도시의 강력한 문화적·역사적 상징으로서의 의미를 만들어간다. 더불어 일본의 가이세키 요리會席料理*처럼 예쁜 것, 핵심적인 것만 엄격히 선별해 조화롭게 재구성하는

●
작은 그릇에 다양한 음식이 조금씩 순차적으로 담겨 나오는 일본의 연회용 코스 요리

전시기획력을 통해 일본 예술문화에 대한 이상화된 이미지를 강화해간다. 코로나 이후에는 디지털 방식의 정보소통 요구가 폭발적으로 확대되면서 유튜브, 팟캐스트 등을 통한 우키요에 큐레이션 전시나 설명자료 전파가 기관의 새로운 업무로 정착되고 있고, 민간 영역에서는 자발적으로 소통 방식을 빠르게 재창조하고 있다. 미술관이나 역사관 등의 기억기관은 전시 홍보용으로만이 아니라 이후 기록자료로도 아카이브하기 위해 동영상 자료를 적극적으로 제작하고 있다.

한 나라에서 꽃핀 독특한 문화와 예술자산은 내부적으로 성장하고 외부세계, 특히 서양문화와 접촉하며 상호작용을 통해 새로운 차원으로 변화해가며 나름의 시대적 역할을 수행하고 후대에 문화적으로

현재와 미래 속에 과거를 품고

기여한다. 오래전에 번성했던 예술자산을 지금 기억하고 제도적으로 계승하는 방식은 우리에게 남은 문화유산^{cultural legacy}을 어떻게 다루어야 할지를 고민할 때 많은 영감을 준다. 일상의 AI 기술이 점점 고도화되고 이질적인 역사문화 콘텐츠가 새로운 시각으로 융합되어 국경을 초월한 소통과 이해가 확대되는 이 시점에, 이전 세대의 문화적 성취를 어떻게 계승하고 기억할지 우리에게 많은 시사점을 준다고 하겠다.

도쿄에서
다시
서울로

2008년 여름, 바쁜 일정 속에 한정된 예산으로 나가사키 가족여행
을 한 적이 있다. 멀리 바다가 보이는 언덕에서 당시 초등학생 아들
들과 더위를 식히고 있자니 오페라 〈나비부인〉의 배경이 떠올랐다.
서구의 문화콘텐츠와 연결되는 공간 스토리가 참으로 흥미로웠다.
근처 휴게공간에 가지런히 꽂혀 있던 미술 전시 홍보물, 우연히 들춰
보다가 그중 가장 마음에 들었던 그림 포스터를 골라 들고 한국으
로 돌아왔다. 모딜리아니^{Amedeo Modigliani}(1884~1920) 초기 작품인 것 같
았다. 이후 남편이 전시 포스터를 간단한 액자로 만들었는데, 이후

몇 번의 이사에도 이 모딜리아니 그림은 지금까지 우리 집에 남아 그때의 기억을 되살린다.

2021년 도쿄에 살면서 나는 그 전시가 도쿄 국립신미술관의 2008년 봄 기획전시였음을 알게 되었다. 1920년에 사망한 모딜리아니는 100여 년 전부터 일본인들이 아주 좋아했던 예술가였고, 그의 미술 전시는 지금도 도쿄, 오사카 등의 주요 미술관에서 자주 기획된다. 어쩌면 2008년 사소한 우연처럼 다가왔던 모딜리아니 포스터 한 장이 이후 일본 기억기관에 대한 개인적 관심의 시작이었는지도 모르겠다.

지금까지 미술관, 도서관, 박물관, 기념관 등에 대한 큰 우산 같은 개념인 '기억기관'을 통해 도쿄의 문화유산을 큐레이션해 살펴보았다. 일본의 문화유산과 관련된 기억기관의 전시 및 정보 서비스 현황을 살펴보고, 문화유산의 역사적 기억을 다루는 방식을 탐색했다. 이를 위해 기억기관 직접 탐방과 학술연구 자료 외에도, 회색문헌으로 분류되는 전시자료와 최근 발간물을 수집해 분석했다.

각 시대는 문화적 흔적을 남기고, 그 기록은 역사적 스토리로 증언되고 해석된다. 이는 때로 과거와 현재 그리고 미래 세대를 영속적으로 연결해주는 주요 정보매체가 된다. 이전 세대의 역사적 기록이나 현재 모습은 때로는 자랑스럽기도 하고 또 때로는 부끄러운 것일 수도 있다. 메이지유신의 주역들은 에도시대 폐쇄된 사회에서 벗어나 서구를 국가발전의 모범으로 삼고 근대국가를 만들어갔다. '문명개화'를 속도감 있게 체험한 도시를 중심으로 서구적 변화의 물결은 다양한 계층으로 확산되었고, 이 시대 경험은 사람들의 삶 구석구석에 스며들었다. 현재 우리가 일본 고유의 것으로 생각하는 것, 전통적 생활감각이나 멋, 단단한 기술력으로 만든 물건도 근대화의 큰 격랑 속에서 재구성되고 재해석되어 살아남은 것들이 많다.

현재의 일본은 이와 같은 근대의 역사문화 유산을 다각적으로 계승하기 위해 건축물, 디자인, 예술공예품에 대한 연구성과를 일반 대중서에서 전문가용 연구서에 이르기까지 다양한 수준으로 출판하고 있다. 각 분야의 기억기관은 근대 일본인들의 치열한 노력과 성과물로 지금의 일본이 있다는 사실을 인식하고 있다. 이에 지속적으로 근대 문화유산을 발굴, 재조명하고 의미 있는 스토리로 재해석한다. 이로써 집단적으로 공유할 수 있는 사회 전체의 '기억저장소'가 켜켜이 쌓여간다. 이런 사회적 기억의 층위는 오늘날의 도쿄인에게 현재 도쿄의 장소적 의미를 계속 확장해나가게 해준다. 도쿄에는 근대 도시로서의 역사성과 현대 시민의 도시라는 개방성이 공존한다. 역사적 켜가 많은 도시는 시대를 넘어서는 매력으로 세계시민의 눈길을 끌며 이는 도시의 미래 지속가능성으로도 연결된다.

동아시아 이웃 나라인 한국과 일본의 근현대사는 대단히 긴밀하게 연결되어 있다. 동아시아인에게 마냥 달갑지만은 않았지만, 받아들일 수밖에 없었던 서구화. 당시 근대화의 매개자였던 일본. 우리는 일본이 해석한 서구의 세계를 재해석하면서 어쩔 수 없이 일본식 근대화를 참고하고 때로 모방하면서 발전했다. 하지만 일본은 우리에게 여전히 불편한 지점이 많은 나라이기도 하다. 일제강점기에 대한 집단적 트라우마로 스스로 인식의 장벽을 만들어 우리의 근대사를 세밀하게 보다 객관적으로 조명하기가 쉽지가 않았다. 이제 '옆 나라' 일본과 미래를 도모하는 관계를 모색하는 데 있어, 동아시아 근대화 과정에서 한일 관계사와 상호작용에 대한 이해와 균형 잡힌 시각이 필요하다.

근대 한일 역사에 대한 통합적 이해는 곧 우리 역사를 균형적 시각으로 이해하고 풍부하게 미래를 모색하기 위한 구체적 시작점이다. 지금의 일본을 있는 그대로 살펴볼 수 있는 첫걸음으로 일본의 기억기관을 찾아가보자. 이 속에서 일본 근현대사와 관련된 기억기관의 콘텐츠 그리고 전시 협력활동을 살펴보며 일본에 대한 이해를 높이고 새로운 발견과 인사이트를 경험해보도록 하자. 그러다 보면 시대정신을 드러내는 뛰어난 문화예술은 국경의 한계를 넘어선다는 것을 실감하게 될 것이다. 더불어 동아시아 각지에서 근대적 인간관을 탐색했던 근대 지식인들의 치열했던 삶도 보일 것이다. 우리가 미처 몰랐던 근대의 조각들을 일본 기억기관에서 발견하면서, 이제는 동아시아적 관점에서 근대화의 성과에 대해 통합적으로 조망하며 국경을 넘어 전체 퍼즐을 맞출 시기임을 어느새 깨달을지도

모른다. 개인적으로는 기억기관에 대한 관심이 문화예술 분야 전문가뿐 아니라 지적 예술적 영감을 주는 장소를 보다 풍성하게 느끼고 싶어 하는 여행자에게도 확산되면 좋겠다. 그러면 이후 돌아와서 바라보는 우리의 서울 또한 다르게 다가올 것이다. 좀 더 입체적으로, 세계 문화사적 시점에서 서울의 문화유산과 기억기관 전시가 확장되어 우리에게 다가와 말을 걸지도 모른다。

。
참
고
문
헌
。

01 마에다 쓰토무, 『에도 후기의 사상공간』, 이용수 옮김, 논형, 2020.

02 유모토 고이치, 『일본 근대의 풍경』, 연구공간 수유+너머 '동아시아 근대 세미나팀' 옮김, 그린비, 2004, 503-510.

03 도날드 킨, 『메이지라는 시대』, 김유동 옮김, 서커스, 2017.

04 유홍준, 『나의 문화유산답사기 일본편 2: 아스카 나라』, 창비, 2020, 209-210.

05 유명수, 『일본이 선진국이라는 착각』, 휴머니스트, 2021, 177-178.

06 호즈미 가즈오, 『메이지의 도쿄』, 이용화 옮김, 논형, 2019, 344-348.

07 마루야마 마사오, 가토 슈이치, 『번역과 일본의 근대』, 임성모 옮김, 이산, 2000, 57-66.

08 야나부 아키라, 『번역어 성립 사정』, 서혜영 옮김, 일빛, 2003, 18-23.

09 유길준, 『알기 쉽게 번역한 서유견문』, 이한섭 옮김, 박이정, 2021, 12-13.

10 호즈미 가즈오, 『메이지의 도쿄』, 이용화 옮김, 논형, 2019, 97-98.

11 호즈미 가즈오, 『메이지의 도쿄』, 이용화 옮김, 논형, 2019, 100-102.

12 目白庭園管理事務所, '目白庭園の築庭: 現代の庭つく', 2022.9.17.

13 신명호, 『고종과 메이지의 시대』, 역사의 아침, 2014, 540-541.

14 유모토 고이치, 『일본 근대의 풍경』, 연구공간 수유+너머 '동아시아 근대 세미나팀' 옮김, 그린비, 2004, 541.

15 유홍준,『나의 문화유산답사기 일본편 4: 교토의 명소』, 창비, 2019, 221.

16 目白庭園管理事務所, '目白庭園の築庭: 現代の庭つく', 2022.9.17.

17 豊島区立郷土資料館, '昭和の暮らしと遊び~ の遊びを体験してみよう~', https://www.city.toshima.lg.jp/129/ Ůunka/bunka/shiryokan/220413 1543.html.

18 앨리스 암스덴,『아시아의 다음 거인』, 이근달 옮김, 시사영어사, 1990, 68.

19 ちひろ美術館·東京, 'ちひろ美術館コレクション 江戸からいまへ 日本の絵本展', https://chihiro.jp/tokyo/exhibitions/22247.

20 紙の博物館, 'テーマ展「切紙 (きりがみ) ~東北地方の正月飾りを中心に~」', 2022. 1.

21 호즈미 가즈오,『메이지의 도쿄』, 이용화 옮김, 논형, 2019, 341-343.

22 유모토 고이치,『일본 근대의 풍경』, 연구공간 수유+너머 '동아시아 근대세미나팀' 옮김, 그린비, 2004, 164.

23 가이 미노리,『맛과 멋이 있는 도쿄 건축 산책』, 강태욱 옮김, 시그마북스, 2019, 25-32.

24 호즈미 가즈오,『메이지의 도쿄』, 이용화 옮김, 논형, 2019, 95-96.

25 호즈미 가즈오,『메이지의 도쿄』, 이용화 옮김, 논형, 2019, 215-217.

26 유모토 고이치,『일본 근대의 풍경』, 연구공간 수유+너머 '동아시아 근대세미나팀' 옮김, 그린비, 2004, 312-313.

27 나쓰메 소세키,『풀베개』, 송태욱 옮김, 현암사, 2013, 15.

28 호즈미 가즈오,『메이지의 도쿄』, 이용화 옮김, 논형, 2019, 281-283.

29 아쿠타가와 류노스케,『라쇼몬』, 서은혜 옮김, 민음사, 2014, 66-72.

30 유모토 고이치,『일본 근대의 풍경』, 연구공간 수유+너머 '동아시아 근대세미나팀' 옮김, 그린비, 2004, 322-323.

31 나쓰메 소세키,『마음』, 송태욱 옮김, 현암사, 2016, 64.

32 정혜영, '[정혜영의 근대문학을 읽다] 가와바타 야스나리와 조선, 그리고 조선인', 「매일신문」, 2015.8.8.

33 가이 미노리, 『맛과 멋이 있는 도쿄 건축 산책』, 강태욱 옮김, 시그마북스, 2019, 125-131.

34 유모토 고이치, 『일본 근대의 풍경』, 연구공간 수유+너머 '동아시아 근대 세미나팀' 옮김, 그린비, 2004, 438-439.

35 호즈미 가즈오, 『메이지의 도쿄』, 이용화 옮김, 논형, 2019, 37-39.

36 최수복, 안길정, 『통통한국사』, 휴이넘, 2010, 168-169.

37 유모토 고이치, 『일본 근대의 풍경』, 연구공간 수유+너머 '동아시아 근대 세미나팀' 옮김, 그린비, 2004, 448-449.

38 나쓰메 소세키, 『그 후』, 노재명 옮김, 현암사, 2014, 104.

39 호즈미 가즈오, 『메이지의 도쿄』, 이용화 옮김, 논형, 2019, 26-27.

40 허중학, '조선 왕실과 대한제국 황실에서 썼던 서양식 식기류는 어디서 제작되었을까', 「서울문화인」, 2020.2.6.

41 유모토 고이치, 『일본 근대의 풍경』, 연구공간 수유+너머 '동아시아 근대 세미나팀' 옮김, 그린비, 2004, 454-455.

42 아쿠타가와 류노스케, 『라쇼몬』, 서은혜 옮김, 민음사, 2014, 306-307.

43 박훈, 『위험한 일본책』, 어크로스, 2023.

44 「東京人」, 2021.08, no.442. 34-50.

45 ヤマトグループ歴史館 (クロネコヤマトミュージアム) , '100周年記念 常設展示', 2022.

46 大串夏身, 『まちづくりと図書館』, 青弓社, 2021, 20-21.

47 Tokyo Cheapo, 'Events in Tokyo', https://tokyocheapo.com/events.

48 성희엽, 『조용한 혁명 : 메이지유신과 일본의 건국』, 소명출판, 2016, 160.

49 성희엽, 『조용한 혁명 : 메이지유신과 일본의 건국』, 소명출판, 2016, 196.

50 키토 히로시, 『인구로 읽는 일본사』, 최혜주 · 손병규 옮김, 어문학사, 2009.

51 서울시립대박물관, '박물관 휘보: 에도의 역사와 문화', 2000.

52 나이토 아키라, 『에도의 도쿄』, 이용화 옮김, 논형, 2019. 219-221.

53 미타니 히로시 외, 『다시 보는 동아시아 근대사』, 강진아 옮김, 까치글방, 2011, 48.

54 나이토 아키라, 『에도의 도쿄』, 이용화 옮김, 논형, 2019. 314-316.

55 고바야시 다다시, 『우키요에의 美』, 이세경 옮김, 이다미디어, 2004, 15.

56 나이토 아키라, 『에도의 도쿄』, 이용화 옮김, 논형, 2019, 309-312.

57 이연식, 『유혹하는 그림 우키요에』, 아트북스, 2009, 136.

58 호즈미 가즈오, 『메이지의 도쿄』, 이용화 옮김, 논형, 2019, 100-101.

59 유모토 고이치, 『일본 근대의 풍경』, 연구공간 수유+너머 '동아시아 근대 세미나팀' 옮김, 그린비, 2004, 30-31.

60 이연식, 『유혹하는 그림 우키요에』, 아트북스, 2009, 188.

61 호즈미 가즈오, 『메이지의 도쿄』, 이용화 옮김, 논형, 2019, 133-135.

62 이연식, 『유혹하는 그림 우키요에』, 아트북스, 2009, 129.

63 이연식, 『유혹하는 그림 우키요에』, 아트북스, 2009, 213.

64 国立国会図書館, '錦絵と写真でめぐる日本の名所', https://ndl.go.jp/landmarks/index.html.

65 유모토 고이치, 『일본 근대의 풍경』, 연구공간 수유+너머 '동아시아 근대 세미나팀' 옮김, 그린비, 2004, 4298-429.

66 호즈미 가즈오, 『메이지의 도쿄』, 이용화 옮김, 논형, 2019, 276-277.

67 太田記念美術館, https://www.youtube.com/@otamemorialmuseumofart9286.

68 나쓰메 소세키, 『마음』, 송태욱 옮김, 현암사, 2016, 127.

69 호즈미 가즈오, 『메이지의 도쿄』, 이용화 옮김, 논형, 2019, 275-276.

70 나이토 아키라, 『에도의 도쿄』, 이용화 옮김, 논형, 2019, 320-324.

71 호즈미 가즈오, 『메이지의 도쿄』, 이용화 옮김, 논형, 2019, 146-147.

72 호즈미 가즈오, 『메이지의 도쿄』, 이용화 옮김, 논형, 2019, 274-275.

73 草津温泉, https://www.kusatsu-onsen.ne.jp/guide/ko/basic.

74 太田記念美術館, '浮世絵研究助成', http://www.ukiyoe-ota-muse.jp/josei.

75 The Sumitomo Foundation, 'The Sumitomo Foundation Fiscal 2024 Grant for Japan-Related Research Projects Application Guide', https://www.sumitomo.or.jp/e/Jare/japanrela.html.

76 学習院さくらアカデミー, '学習院さくらアカデミー 講座一覧', https://g-sakura-academy.jp/lifelong/list.

77 女子美術大学, 『江戸の美きものデザイン』, 東京美術, 2011.

78 朝日新聞出版, 『ルノワール ルへの招待』, 2016.

79 森アーツセンターギャラリー, 'ボストン美術館所蔵「THE HEROES 刀剣×浮世絵－武者たちの物語」', https://macg.roppongihills.com/jp/exhibitions/heroes/index.html.

80 佐野敬彦, 『日本の配色』, ピエ.ブックス, 2009.

81 虎屋文庫, '和菓子で楽しむ錦絵', https://www.toraya-group.co.jp/corporate/bunko/reference-exhibition/bunko-reference-exhibition-80.

이미지 출처

023-1   W.D. Cooper, 〈Boston Tea Party〉, 1789, Cornischong at lb.wiki-pedia, Public domain, via Wikimedia Commons.

023-2   Currier & Ives, 〈The Battle of Gettysburg〉, 1863, Library Company of Philadelphia, No restrictions, via Wikimedia Commons.

023-3   歌川広重(3代目), 〈横浜商館天主堂ノ図〉, 1870, Metropolitan Museum of Art.

024-1   Gallica, 'Le Sport universel illustré', 1896, p.159.

024-2   小林清親, 〈浜町より写両国大火〉, 1881, https://dcollections.lib.keio.ac.jp/sites/all/libraries/uv/uv.php?archive=TKU&id=47501#?c=0&m=0&s=0&cv=0&r=0&z=-671.5714%2C0%2C4283.1429%2C1938.

024-3   Unknown author, 〈1876 Ganghwa Treaty between representatives of the Korean Kingdom of Joseon and the Empire of Japan〉, 1880, Public domain, via Wikimedia Commons.

029-1   Claude Monet, 〈La Japonaise〉, 1876, Museum of Fine Arts Boston.

029-2   부산일보, '국내 첫 전신선 개통(1885.9.28.)', 2010.9.27.

030-1   Library of Congress, 〈Eiffel Tower, looking toward Trocadéro Palace, Paris Exposition〉, 1889.

030-2 Émile Poissonnié, 1895, Public domain, via Wikimedia Commons.

030-3 C. D. Arnold, 〈Front View of the Ho-o-Den〉, 1893, Public domain, via Wikimedia Commons.

030-4 국사편찬위원회 우리역사넷, '유길준[兪吉濬]', http://contents.history.go.kr/front/kc/main.do.

030-5 한국민족문화대백과사전, '서유견문(西遊見聞)', https://encykorea.aks.ac.kr/Article/E0028107.

030-6 국사편찬위원회 우리역사넷, '독립 협회와 대한 제국', http://contents.history.go.kr/front/ta/view.do?levelId=ta_m62_0060_0020.

030-7 Unknown author, 〈Streetcar in the city of Seoul, Korea, 1899〉, 1899.

031-1 Unknown author, 〈Poster of the Exposition Universelle〉, 1900, Scan over an original poster, Public domain, via Wikimedia Commons.

031-2 Wassily Kandinsky, 〈Impression III〉, 1911, Lenbachhaus, Public domain, via Wikimedia Commons.

031-3 黒田清輝, 〈智·感·情〉, 1897, Public domain, via Wikimedia Commons.

031-4 Gallica, 『Le Petit journal』, 1900.12.16.

031-5 서울역사아카이브, 〈덕수궁 석조전과 이왕가미술관 전경〉, https://museum.seoul.go.kr/archive/NR_index.do.

032-1 Alfred Stieglitz, 〈Fountain, photograph of sculpture by Marcel Duchamp〉, 1917, Public domain, via Wikimedia Commons.

032-2 F. Scott Fitzgerald, 『The Great Gatsby』, 1925, English: Original cover illustration by Francis Cugat (1893-1981) and published by Charles Scribner's Sons. Digital restoration and enhancement by User:Flask., Public domain, via Wikimedia Commons.

032-3   Unknown author, 〈Tokyo Station(Marunouchi Building) in 1914〉, 1914, Historical, Public domain, via Wikimedia Commons.

032-4   한국문화원, '柳宗悦の心と眼―日本民藝館所蔵 朝鮮関連資料をめぐって―', https://www.koreanculture.jp/info_news_view.php?number=7273.

033-1   Raoul Dufy, 〈The Electricity Fairy〉, 1952-1953, Musée d'Art Moderne.

033-2   Frank Lloyd Wright, 〈Fallingwater〉, 1936-1939, lachrimae72, CC0, via Wikimedia Commons.

033-3   一般社団法人 日本地下鉄協会, '日本の地下鉄', http://www.jametro.or.jp/japan.

033-4   Unknown author, 〈Choi Seung-hee〉, before 1962, http://www.cnwudao.com/wdrs/6290.html, Public domain, via Wikimedia Commons.

033-5   김환기, 〈론도(Rondo)〉, 1938, https://www.heritage.go.kr/heri/cul/culSelectDetail.do?VdkVgwKey=79,05350000,31&pageNo=1_1_1_1#, via Wikimedia Commons.

033-6   윤동주, 〈하늘과 바람과 별과 시〉, 1948.

054   東京国立近代美術館, '民藝の100年', https://www.momat.go.jp/exhibitions/545.

057   昭和館, 'お菓子の記憶~甘くて苦い思い出たち', https://www.showakan.go.jp/kikakuten/お菓子の記憶-甘くて苦い思い出たち.

059   大倉集古館, '能 Noh 秋色モード', https://www.shukokan.org/exhibition/history.html.

060   大倉集古館, '芭蕉布―人間国宝・平良敏子と喜如嘉の手仕事―', https://www.shukokan.org/exhibition/history.html.

066 東京都庭園美術館, '建物公開2022 アール・デコの貴重書', https://www.teien-art-museum.ne.jp/exhibition/220423-0612_encounterswithartdecobooks.

068-1 港区立郷土歴史館, '港区浮世絵さんぽ', https://www.minato-rekishi.com/exhibition/ukiyoe-sanpo.html.

068-2 港区立郷土歴史館, 'Life with ネコ', https://www.minato-rekishi.com/exhibition/neko.html.

075-1 日本民芸館, '柳宗悦と朝鮮の工芸－陶磁器の美に導かれて－', https://mingeikan.or.jp/special/ex202209/

075-2 한국문화원, '柳宗悦の心と眼―日本民藝館所蔵 朝鮮関連資料をめぐって―', https://www.koreanculture.jp/info_news_view.php?number=7273.

077 東京都写真美術館, 'アヴァンガルド勃興―近代日本の前衛写真―', https://topmuseum.jp/contents/exhibition/index-4280.html.

088 国際子ども図書館, '上野の森をこえて図書館へ行こう! 世紀をこえる煉瓦(レンガ)の棟', https://www.kodomo.go.jp/event/exhibition/tenji2022-01.html.

093 高島屋史料館(大阪), '大大阪の百貨店', https://www.takashimaya.co.jp/shiryokan/exhibition/backnumber.html.

110 新宿区立漱石山房記念館, 'テーマ展示 夏目漱石「草枕」の世界へ—絵本・絵巻・挿絵にみる「草枕」—', https://soseki-museum.jp/tenji_archives/8366.

113 早稲田大学演劇博物館, '新派 SHIMPA――アヴァンギャルド演劇の水脈', https://enpaku.w.waseda.jp/ex/14477.

123 東京国立近代美術館, '没後50年 鏑木清方展', https://www.momak.go.jp/Japanese/exhibitionArchive/2022/448.html.

189-1 Rembrandt, ⟨Self-Portrait⟩, 1669, www.nationalgallery.org.uk, Public domain, via Wikimedia Commons.

189-2 신윤복, ⟨미인도⟩, 18세기 말-19세기 초, Public domain, via Wikimedia Commons.

190-1 Goethe, ⟨Faust⟩, 1808, Wikimedia: Foto H.-P.Haack, CC BY-SA 3.0 ⟨https://creativecommons.org/licenses/by-sa/3.0⟩, via Wikimedia Commons.

190-2 Theodor von Holst, ⟨Frontispice de l'édition de 1831⟩, Theodor von Holst, Public domain, via Wikimedia Commons.

190-3 葛飾北齋, ⟨富嶽三十六景, 凱風快晴⟩, 1832, Public domain, via Wikimedia Commons.

190-4 김정희, ⟨세한도⟩, 1844, National Museum of Korea, Public domain, via Wikimedia Commons.

191-1 Read & Co. Engravers & Printers, ⟨The Crystal Palace in Hyde Park for the Grand International Exhibition of 1851⟩, 1851, Public domain, via Wikimedia Commons.

191-2 Lewis Carroll(John Tenniel[Illustrator]), 『Alice in Wonderland』, 1865, https://archive.org/details/alicesadventur00carr/page/97/mode/1up?ref=ol&view=theater.

191-3 장승업, ⟨호취도⟩, 19세기 중반-후반, Public domain, via Wikimedia Commons.

198 歌川広重, ⟨名所江戸百景, 日本橋通一丁目略図⟩, 1858, National Diet Library Digital Collections: Persistent ID 1303248.

203-1 木春信, ⟨見立渡辺綱と茨木童子⟩, 1767-1768, MFA impressions: Minneapolis Institute of Art; Bequest of Richard P. Gale, 74.1.83.

203-2 渡辺省亭, ⟨紫式部図⟩, 19-20世紀, Minneapolis Institute of Art; The Louis W. Hill, Jr. Fund, 2009.8.2.

204 東洲斎写楽, 〈市川鰕蔵の竹村定之進〉, 1794, https://bunka.nii.ac.jp/heritages/detail/199301.

205-1 葛飾北斎, 〈冨嶽三十六景, 東都浅艸本願寺〉, 1830-1834, https://bunka.nii.ac.jp/heritages/detail/208705.

205-2 歌川広重, 〈名所江戸百景, 猿わか町よるの景〉, 1856, https://bunka.nii.ac.jp/heritages/detail/493856.

209 Claude Debussy, 〈La mer〉(The first edition of La mer, featuring The Great Wave off Kanagawa), 1903-1905.

212 小林清親, 〈向島満開の夜桜〉, 1929, https://asia.si.edu/explore-art-culture/collections/search/edanmdm:fsg_S2003.8.1238.

221 月岡芳年, 〈月百姿 朝野川晴雪月 孝女ちか子〉, 1885, https://www.touken-world-ukiyoe.jp/search-ukiyoe/art0002229.

225 サントリー美術館, 'サントリー美術館 開館60周年記念展 ミネアポリス美術館 日本絵画の名品', https://www.suntory.co.jp/sma/exhibition/2021_1.

231-1 歌川広重, 〈東海道五拾三次, 蒲原 夜之雪〉, 1833-1836.

231-2 葛飾北斎, 〈凱風快晴〉, 1832.

232 安藤重, 〈名所江戸百景, 両国花火〉, 1858, https://www.library.metro.tokyo.lg.jp/portals/0/edo/tokyo_library/upimage/big/1300417433.jpg.

240 太田記念美術館, '江戸の天気', http://www.ukiyoe-ota-muse.jp/tenki.

245 永青文庫, '柿衞文庫名品にみる 芭蕉 ―不易と流行と―', https://www.eiseibunko.com/exhibition_end.html.

248 松本知弘, 〈赤い毛糸帽の女の子〉, 『ゆきのひのたんじょうび』(至光社), 1972年, https://chihiro.jp/works/#work-1.

257 国立歴史民俗博物館, '黄雀文庫所蔵 鯰絵(なまずえ) のイマジネーション', https://www.rekihaku.ac.jp/event/2021_exhibitions_tokushu_kou.html.

258 国立歴史民俗博物館, '伝統の朝顔(2021年度)', https://www.rekihaku.ac.jp/event/2021_plant_kikaku_asagao.html.

260 一勇斎国芳, 〈百種接分菊〉, 1845, National Diet Library Digital Collections: Persistent ID 1307605.

273 歌川豊国, 〈雲竜久吉〉, 연도미상, https://dl.ndl.go.jp/pid/1313381/1/1.

274 歌川広重, 〈名所江戸百景, 両ごく回向院元柳橋〉, 1857, https://dl.ndl.go.jp/pid/1312241/1/1

275 すみだ北斎美術館, '北斎花らんまん', https://hokusai-museum.jp/modules/Exhibition/exhibitions/view/2184?lang=ja.

도
쿄

모
던

산
책

도 쿄 의 기 억 기 관 、

근 대 에 서 오 늘 을 읽 다 。

초판 1쇄 발행 2024년 10월 21일
초판 2쇄 발행 2024년 11월 15일

지은이 박미향
펴낸이 김대성

기획 이진아콘텐츠컬렉션
편집 신혜진
디자인 이윤임
기억기관 스케치 방명세
프로듀서 서형원
제작 전철우
인쇄 씨더블유 프린팅

펴낸곳 도서출판 지에이북스
출판등록 제2015-000179호
주소 서울시 서초구 나루터로 59 라성빌딩 4층
홈페이지 www.gaudium-a.com

ISBN 979-11-976801-3-7-2 (03910)